品质力量 最美诠释
——浙江交通最美质监人风采录

浙江省交通建设工程监督管理局 编

图书在版编目(CIP)数据

品质力量 最美诠释:浙江交通最美质监人风采录／浙江省交通建设工程监督管理局编. —北京:人民交通出版社股份有限公司, 2015.11

ISBN 978-7-114-12551-5

Ⅰ.①品… Ⅱ.①浙… Ⅲ.①交通工程—监理人员—先进事迹—浙江省—现代 Ⅳ.①K826.16

中国版本图书馆 CIP 数据核字(2015)第 244614 号

书　　名:	品质力量　最美诠释
	——浙江交通最美质监人风采录
著　作　者:	浙江省交通建设工程监督管理局
责任编辑:	赵瑞琴
出版发行:	人民交通出版社股份有限公司
地　　址:	(100011)北京市朝阳区安定门外外馆斜街 3 号
网　　址:	http://www.ccpress.com.cn
销售电话:	(010)59757973
总　经　销:	人民交通出版社股份有限公司发行部
经　　销:	各地新华书店
印　　刷:	浙江广育爱多印务有限公司
开　　本:	720×980　1/16
印　　张:	12.75
字　　数:	218 千
版　　次:	2015 年 11 月　第 1 版
印　　次:	2015 年 11 月　第 1 次印刷
书　　号:	ISBN 978-7-114-12551-5
定　　价:	36.00 元

(有印刷、装订质量问题的图书由本公司负责调换)

编 委 会

主　编　邵　宏
副主编　吴安宁　丁正祥　宣剑裕　张慧昕
编　辑　徐　红　陆晓敏　周筱玉　褚彬潜　戴晓栋
　　　　　吕聪儒　廖乾旭　葛路佳　徐建春　陈　佳

序　言

品质力量　最美绽放

　　交通从来不缺乏美。人们能看到碧波中屹立起的杭州湾跨海大桥、舟山跨海大桥、嘉绍大桥等世界级工程地标的壮丽美，能看到美丽乡村路千转百回的和谐美，能看到密度全国第二的高速公路路网纵横交错的韵律美。支撑这些美的，是平凡岗位下170万交通从业人员默默付出、老黄牛似的奉献精神。为了深入挖掘交通人的这种精神美，2013年，浙江交通在全国率先启动"最美行业"创建，首次推出"最美行业"建设五年规划，提出"见人见物见行风，向上向善向美丽"的目标，两年不到，"最美行业"创建活动迅速在各个子行业、各市县系统内，在浙江的山山水水间激荡开来，受到了中央、部、省各级领导的批示肯定，得到央媒等各级媒体广泛宣传，行业内外反响热烈。

　　浙江交通最美花开满园，有些耳熟能详，有些则悄然隐匿。正如交通质监人，每一项交通工程背后，都离不开他们专业、专注的身影。新时代下，交通质监人越发意识到，一个系统需要有成员普遍认同的核心价值体系来支撑和引领。为此，他们在浙江交通质监系统中开展"最美行业"创建活动，通过凝聚提升交通质监行业文化，树立"品行立身、品质监路"的交通质监核心价值观，并在省市县三级交通质监机构，全面部署推广形象统一、理念鲜明的行业文化和质监标识理念，把"最美行业"创建活动推向高潮。本书正是在此背景下，用朴实的笔墨记录了最美质监人物这种"开拓进取的质监先锋，求真务实的造价卫士"的典型形象。

　　正如省交通运输厅党组书记、厅长郭剑彪评价的那样，质监人以"品行立身，品质监路"为载体，大力创建最美行业，举措扎实，成效明显。深化"最美行业"建设是一项系统工程，希望质监系统积极号召全行业学"最美事迹"、学"最美经验"、学"最美精神"，努力确保最美理念进人心、最美做法进工作、最美风尚进行业。通过深化核心价值引领、最美人物培育、最美窗口创建、质监交通文化提升,进一步宣传基层一线平凡岗位上的最美质监人,大力弘扬交通文化,奏响时代和谐发展的最强音。

祝贺本书的顺利出版,同时期待看到更多交通质监人的美好风采。

浙江省交通运输厅党组成员、副厅长

目　录

第一篇　浙江百名最美交通人物

陈妙初：不忘初心　方得始终 …………………………………… 高　唯（3）

张　涛：人生向东　何惧险滩 …………………………………… 林书博（7）

方尚伟：技术是我生命中最动听的音符 ………………… 吴宇熹／甘军仁／黄　俊（12）

潘雪峰：细嗅生命芬芳 …………………………………………… 张　帆（16）

陈雷伟：铁面无私的"质量守护神" ……………………………… 郑怡萱（21）

张金龙：知行合一的"服务者" …………………………………… 陈　佳（25）

石洪波：铁肩担责任　磊落获人心 ……………………………… 高　唯（29）

于文先：走南闯北的"江湖"人生 ………………………………… 陈　惠（33）

王建群：一名用数据说话的交通工程"医生" …………………… 郑　薇（38）

柯善刚：成功男人背后的故事 …………………………………… 薛丁菲（42）

陈厚德：平凡路上的酸甜苦辣 …………………………………… 董雨函（46）

第二篇　开拓进取的质监先锋

黄康定："多面手"的实干人生 …………………………………… 陈　惠（53）

方　剑："剑"走江湖 ……………………………………………… 陈　佳（58）

阮彩霞：铿锵玫瑰静静绽放 ……………………………………… 郑怡萱（62）

傅菁俊：典型的80后"双鱼" ……………………………………… 林书博（66）

金传兴：殚精竭虑　平凡岗位不平庸 …………………… 李　剑／赵思思（70）

王　斌：奋战在质监一线，自豪！ ……………………………… 董雨函（74）

蔡　斌：青春奉献给长路 ………………………………………… 陈　爱（78）

方　良：让梦想起航　为超越喝彩 ……………………………… 刘　岳（83）

张　麟：少年时代的"大桥梦"　三十而立的质监人…………………… 刘　岳（87）
肖方刚：造好桥、修好路是一辈子的承诺…………… 吴宇熹 / 胡婷婷 / 黄　俊（92）

第三篇　爱岗敬业的监理标杆

徐发生：用诚信找立场　用情怀铸梦想……………………………… 张　帆（99）
颜碧江：怀揣梦想　极速前行………………………………………… 李　冉（104）
朱高峰：面朝大海　梦圆大港………………………………………… 陈　爱（109）
蒋永忠：磨砺中开出的"璀璨之花"………………………………… 李　冉（114）
陶有为：一锤一锤钉钉子……………………………………………… 陈　佳（119）
张锦川：那些年我们一起成长………………………………………… 胡梦珂（123）
金晓龙：梅花香自苦寒来……………………………………………… 郑宗祥（128）
柯建青：铁面无私的"台州交通工程大名人"……………………… 薛丁菲（133）
韩　飞：把他乡变家乡　家乡变"故乡"…………………………… 郑　薇（136）
阮海鹏：前进中的"勇者"…………………………………………… 郑怡萱（141）

第四篇　恪尽职守的检测卫士

沈立中：逐浪的青年…………………………………………………… 胡梦珂（147）
严水龙：入隧下桥　为检测事业奔走………………………………… 谢宝光（151）
舒剑爽：追求真理　就是成功………………………………………… 石　宽（156）
张卓皎：美丽的纹身…………………………………………………… 胡梦珂（160）
池长记：脚踏实地的躬行者…………………………………………… 李　冉（165）
方继伟：检测达人炼成记……………………………………………… 陈　佳（170）
范　翔：用坚守和付出绽放美丽……………………………………… 徐益丰（175）
刘建强：军姿依旧挺拔………………………………………………… 陈　爱（180）
商　峻：脚踏实地的"践行者"……………………………………… 郑宗祥（185）
蒋海平：争做检测行业的卫士………………………………………… 谢宝光（190）

第一篇

浙江百名最美交通人物

他们,一年365天,有一半以上的时间在工地;他们,爬桥跨岛,下海入隧,走进工程的核心处,更走在时代的潮流中。不惧困难是他们的人生信条,勇于担当是他们的工作使命,善于创新是他们的前进步伐。他们是浙江交通质监系统的最美人物,是浙江百名最美交通人物——监行业的代表。

浙江百名最美交通人物

陈妙初，1975年出生。毕业于河海大学的他，自1997年参加工作以来，在浙江省交通运输厅工程质量监督局从事水运工程质量监督、检测、造价等方面的工作。

其参与的《7m管节的后张法大直径管桩制作和质量检验研究》课题获交通运输部公路学会科学技术三等奖，《防撞护栏钢立柱埋置深度无损检测技术研究和设备研制》课题获浙江省科学技术二等奖。2014年度，被评为全省交通运输行业百名最美人物之一。

陈妙初：不忘初心　方得始终

陈妙初，人如其名，实乃妙人也。他的"妙"，不止在于他过硬的专业素养——曾参与过上百个项目的质监工作；也不止在于他超强的专业素养——工学和法学的双料学士，所带课题频频获得省部级奖项；更不止在于他严谨的工作态度——参与制定了多项水运工程质量检测标准……他的"妙"，还在于有他下得了工地，写得了材料；打得了网球，玩得转标尺。

他说，干了十几年的质监，大概是因为热爱才能坚持吧。

入行第一刻，认定一辈子

河海大学港口与航道工程专业毕业的陈妙初，是浙江水运质监行业里正宗的"科班生"。为了远在家乡的父母，刚毕业的他放弃了学校安排在上海的工作，通过层层考查，成为浙江交通质监的一员。他说："从我第一步迈入交通质监大门的那一刻开始，我就认定了这是我一辈子的工作。"

陈妙初热爱这份工作，身上也有着一股子犟脾气，让他一直坚持。刚工作的时候，他经常每天都在各个工地转，光车上的时间就要花去3～5个小时。有时在工地里一呆就是几个月，他也甘之如饴。如今说起刚入行的那一年，陈妙初更多的是回味："那时候我年轻，光棍一个。"

7月，正是温州最热的日子，陈妙初的第一次质监工作就在这个时候开始。他跟着工程队，在农村租住的小平房里一待就是几个月，从7月40多摄氏度的酷暑到12月零下几度的阴冷、从每日来回奔波到在海上攀爬软梯……这些做质监工作都必须经历的过程，在这一个项目里他都尝了个遍。然而，在往后的百余个项目中，陈妙初却慢慢品出了质监工作的滋味来："我就是喜欢这个行业，喜欢干这些事儿。再苦再累，也觉得正常。"

能坚持一份质监工作，离不开家人的支持。提起家人，这个40来岁的男人有着难以掩饰的幸福和自豪："我妻子支持我的工作，我常年在外出差，她也从不说啥。"回忆起当时妻子怀孕的日子，陈妙初笑出了声："当时我跟进一个项目，一周里有三四天都在外地。每天都着急着想回去多陪陪她，哪怕只是一个晚上也好。倒是她，虽然嘴上说着些抱怨的话，却从来没真的埋怨我。"

如今，陈妙初的儿子已经到了上小学的年纪，尽管工作繁忙，他还是会抽出时间来陪陪孩子和家人。"我喜欢打篮球和网球，现在和儿子是球友！"

18年严寒酷暑，他这一路不容易

从业十几年，陈妙初主管监督的水运建设工程有100多个，其中不乏以宁波—舟山港鼠浪湖40万吨级矿石中转码头、宁波—舟山港马迹山港区宝钢30万吨级矿石码头、宁波—舟山港金塘大浦口集装箱码头为代表的，具有世界先进水平的特大型港口工程项目，以京杭运河航道改造工程、杭甬运河航道改造工程、长湖申线航道扩建工程等高等级内河航道工程项目，还有深水高桩码头、深厚软基等有较高技术难度的工程项目……对于这位质监行业的"尖子生"来说，这一路并不容易。

码头的建设一般是在海上，质监人员需要乘船前往海上平台。有个关于陈妙初的小秘密，他十几年来没有向人提起。"海上风浪大，我坐船有些晕船。当时条件还不是那么好，到了海上作业平台后，所有人都要通过软梯子爬上去。晕船后浑身没力气，我也只能咬着牙往上爬。"这十几年，陈妙初出海的次数多得数不过来，晕船的毛病还是照样有，"我晕船大家看不出，我也不说。我们干质监的不是在车上就是在船上，大家都特别累，我自己忍一忍就过去了。"

严寒酷暑，是对质监人最大的考验之一。南方的冬季十分阴冷，在水上更是如此。当时由于受设备、设施所限，陈妙初在测量水深时，必须徒手拿着一根标尺，将标尺深入水中。"水是刺骨的冷，测量完之后整个手就麻木了。"

夏季三伏天，往往是水运项目检查的高峰期。这十几年，陈妙初的七八月大部分时间，都是在车上和路上度过的。早上8点多出发，赶往一个个项目基地检查，40多度的高温，蒸腾出的汗水把身上的衣服湿了又干，干了又湿，结出白色的盐花。如今，陈妙初的胳膊还是两种颜色，"常年晒，就这样了。"

质监工作苦吗？"是真的苦！"但对陈妙初来说，其中的乐趣更多。看着一个个码头从无到有，他的心情"就像是对着自己的孩子那样"。如今，只要一有时间，他也会再回到过去质监过的码头去看看，"以后带上孩子，让他看看爸爸造的码头！"

陈妙初在实验室工作

不一样的科研达人，他有点职业病

21世纪最缺的是什么？人才！而陈妙初，就是质监行业难得的"稀缺人才"。为什么这样说？看看他这十几年的科研成果就知道了。

很多人问他，为啥要一心搞科研，去钻那些最难的课题。陈妙初说："既可以节约资本，又能节省时间，为啥不钻研！"他曾凭借《7m管节的后张法大直径管桩制作和质量检验研究》这一课题获交通运输部公路学会科学技术三等奖。但少有人知的是，单单这一课题他便钻研了两年之久。寻常人都劝他太难的课题不要再钻，他却坚信"功夫不负有心人"。700多个日日夜夜，无数次与合作单位开展技术研讨、探索、实践……最终克服了这一难题。

"制作管道的市场理应打开，但之前由于技术所限，一直被中铁三局给'垄断'。如今技术成熟了以后，也打开了这一市场，让更多的企业都参与市场竞争，良性的竞争让该管道的价格下降了近30%。"谈起科研成果的应用成效，陈妙初颇为自豪，但仍是谦虚"任何科研都只有用于实际，才能真正体现出它的价值，而我所做的只是万分之一罢了。"

说陈妙初是个科研达人，一点也不夸张。这14年间，他先后主持开展了《航道护岸预制干硬性混凝土劈裂砌块及空心砌块质量检验方法研究》等多项课题研究工作；作为第一

5

作者撰写的《Study on Digital Water Depth Measurement with GPSRTK in Waterway Dredging Project Quality Inspection（航道疏浚质量检测中基于GPSRTK技术的数字化水深测量）》、《Multi-dimensional Grey Construction Deformation Prediction Model Research(基于多维灰色构筑物变形预测模型研究)》等专业论文入选国际期刊，并主持起草编写了《浙江省水运工程主要质量通病防治手册》专著……这其中，每一篇专著，都耗费了他极多的心力和时间，但陈妙初却乐在其中。

水运质监的"疑难杂症"，从来难不倒陈妙初。这么多年来，他坚守在一线，为提高浙江省工程质量，规范工程质量监管工作，他还负责编制了《内河航道工程质量检验规范》和《长管节后张法预应力大管桩设计和施工规程》等多项省级地方标准。

"我这人就是比较喜欢刨根究底地思考为什么，所以这么多年工作之后落下了职业病。"陈妙初笑言，"看见一些建筑结构，就想这些结构是不是安全，是不是合理。"他随意指了下窗外，"最近（杭州）秋涛路上的高架，结构造得非常棒呢！"

> **最美手记：**
>
> 不忘初心，方得始终。这八个字形容陈妙初，真真贴切不过。与他对话，就能感觉到他对这个行业的热爱。也正是因为这份热爱，促使他18年来不断攻坚，不断创新，不断完善。他的最美，不止体现在对这一份工作的坚持上，更体现在他对行业持续发展的贡献上，不愧为不一样的科研达人。最美行业需要更多这样的人。
>
> 作者 高 唯

浙江百名最美交通人物

张涛，1979年出生，现任杭州市交通工程质量安全监督局质量监督处处长。2009年，张涛被选派赴驻四川阿坝州进行灾后技术援建，先后担任阿坝州交通局质量分站副站长，阿坝州公共资源交易中心招标部副部长等职。

2011年，他被授予"杭州市优秀共产党员"、"十大西湖先锋"。2014年，被评为全省交通运输行业百名最美人物之一。

张涛：人生向东　何惧险滩

从云南家乡清澈透明的抚仙湖，到海口波涛汹涌的南海，到重庆激荡汇合的嘉陵江、长江，再到温润的杭州西湖，以及阿坝州终年不化的冰雪，35年的人生经历里，张涛逐水而居、与水结缘，更被水所浸润，从少不更事的孩童成长为顶天立地的汉子。

克服困难一路向东，张涛与交通的结缘之旅，犹如一条溪流汇入了东海，共同激荡起杭州交通跨越式发展的浪潮。10年来，杭州交通建设任务逐年攀升，而交通工程质量合格率达到100%，公路工程优良率也逐年攀升。

清澈如抚仙湖的童年时光

36年前，张涛出生在与昆明毗邻的云南玉溪市澄江县。澄江县三面环山、一面环湖，盛产稻谷和水产品，历史上素有鱼米之乡的称誉。抚仙湖水清澈晶莹，未受污染，湖里的鱇䲡鱼成为张涛最"美味"的回忆。

云南人在物产丰富而险峻的环境生存过程中，性格里多了几分面对困难的坚毅、自强，而这也传承在张涛的骨子里。较真、不畏困难的少年心性，使张涛的学习成绩一直名列全小学前茅，甚至经常拿第一名。

因为学习成绩好，他在小伙伴中树立了威信，顺理成章地成了"头儿"，带领着玩泥巴、上树掏鸟窝，尽情享受着无忧无虑而丰富多彩的童年生活。

如果说有唯一的灰色，也许是不便的交通。澄江县"七山二水一平坝"的地理格局，使得公路蜿蜒曲折,尤其是连接澄江与昆明的102省道。虽然只要翻越一座官仓山,然而100多公里的盘山公路,行车需3个小时不说,连续上下坡和弯多路窄,更成为许多人的噩梦,稍有不慎就会坠落山崖,也曾经历熟识的人因此而丧命。

这是第一次,张涛对交通有了深深的印象,了解到交通的重要性,但尚未种下交通梦。

澎湃如江海的青春激情

春去秋来,抚仙湖里的小鱼即将跃龙门。当平静的生活遇上了高考,张涛望着连绵的群山在心里发誓,要考到省外去,看看外面的世界。数不清多少个日夜,他在学习思考中睡去,在凌晨时分醒来。最终,他以优异的成绩顺利考上了海南大学,第一次离开云南省,第一次乘飞机,第一次见到大海……

就读工业与民用建筑专业的他,如饥似渴地吸收着知识,泡图书馆、自习室,立志要做个优秀的工程师,而他的学习成绩也不断提升,并稳定在班级前列。然而扬起四年的人生风帆却驶向了另一方向。行将毕业时,导师带领学生们去正在建设中的海口世纪大桥实习。世纪大桥两座百米高的钻石型主塔赫然屹立于海甸河上,2000多米长的大桥初见雏形,长虹卧波一般连接着海甸岛与主城区,是海南当时规模最大、技术含量最高、施工难度最大的桥梁工程。

工程负责人如数家珍地介绍施工如何克服水底下泥层清理、沉井混凝土封底等困难,深深地震撼到了张涛。较真的心性再次迸发,他决心挑战难度更高的交通专业,并考上了重庆交通大学的桥梁与隧道专业研究生。

来到重庆,身处嘉陵江与长江激情碰撞汇合之地,他以工业与民用建筑为基础,投身交通领域学习。面对从未接触过的桥梁隧道专业知识,他意识到,只有利用自己的休息时间才能赶上那些班级里的优秀同学。于是,在入学半年多时间,他自学了本科的桥梁隧道专业知识,在导师的指引下,应用ANSYS、MIDAS的先进计算软件,参与了涪陵长江大桥等大型桥梁的结构计算;在科研项目中,成功实施了国内第一例钢管混凝土拱桥加固和非爆破拆除设计计算,逐步奠定了桥梁隧道的专业知识。

温润似西湖的人生价值

2005年,张涛考入了杭州交通质监系统,成为一名质监人。

张涛至今还记得，他参与的第一个质监项目——杭千高速富阳段工程。由于所学专业不同，再加上学校所学与工程实际有所不同，在工程监督中他只能一言不发地跟在质监科长身后；公路路基、路线设计等专业名词不断涌来，让他目不暇接。有一次他还写错了交工质量检测意见书。

工作中的张涛十分较真

学习，学习，骨子里的较真天性再次迸发！当天遇到的问题，张涛必定要弄懂，或请教科长、同事，或查阅资料。只用了几个月，他就能独立开展工作，成长速度让同事们惊叹。

2006年以来，恰逢杭州交通建设高潮迭起，交通建设投资额几乎逐年上升，张涛和同事们更忙碌了：周一开始出差，白天在工地巡查，晚上写材料到凌晨两三点，周五周六才能回家，有时周末还要加班，这样的工作状态持续了两年多。这段时间里，他跑遍杭州所有交通工程，去过杭州75%以上的乡镇街道。

2008年5月，张涛成为富阳320国道改建工程的工程科长，"从原来的监督者，成为了建设者"。工程科长，几乎要负责工程的所有具体工作，如进度、质量、安全及协调。"如果说学生的工作量是1，质量监督工程师的量是5，那么工程科长的量能达到10。每天一睁眼就是工地的事情，一天要接50多个电话。"

回首过往已然百花盛开。"十一五"以来，张涛与同事共同完成约470亿元交通工程的质量监督工作，交通工程质量合格率100%，公路工程优良率逐年明显攀升，从"十五"的68.3%提高到了"十一五"末的88.9%。"十一五"后期及"十二五"开年至今，工程质量优良率均超过85%，维持高水准平稳运行。

正是由于他们的守望，"十一五"期间，杭州交通发展更顺利，建成杭浦、杭徽、杭新景等169公里高速公路，实现"县县通高速"。104国道、320国道、02省道、05省道等国省道改造工程顺利完成，农村交通体系日臻完善，建成乡村通达公路7400多公里。一批结构复杂、技术含量高、施工难度大的大型结构物也建成通车，江东大桥自锚式空间缆索主跨260米，为全国第一，小金山大桥深水桩被誉为"国内第一桩"，特殊复杂地质条件下的小近距隧道和连拱隧道也相继贯通。

2011年，张涛被授予"杭州市优秀共产党员"、"十大西湖先锋"。2014年，被评为全省"交通行业百名最美人物"之一。

凝结成冰雪的岁月积淀

阴沉沉的天空飘着细雨，四下弥漫着肃静的气息，眼前是断壁残垣的废墟，远处是高耸入云的山峰、终年不化的冰雪，山脚下满是房子那么大的碎石……2009年5月，张涛被选派驻阿坝州进行灾后技术援建，他永远记得在汶川县映秀镇见到的第一个场景，还有那瞬间感到的沉甸甸的责任感。

阿坝州是藏族主要集居地，面积相当于5个杭州地区，交通基础设施却十分薄弱。2009年，阿坝州迎来创纪录的超百亿元交通建设投资，所有20多条、1300公里公路都面临重建。为了完成分管的汶川、茂县、小金等重灾县建设任务，张涛经常来回奔波，平均每月出差时间15天、行程4000公里以上，住在同一楼层的同事常常一个月都见不到面。"我第一次出差是5月11日出发，结果6月3日才返回驻地。"

质监工作技术难度不大，出差路途却有风险。绝大多数道路只有两车道，一边是悬崖，一边是峭壁。夏天出差，雨水多易引发泥石流、塌方，冬天要爬5000米高的雪山、过雪原，车子易打滑、抛锚。"那时候基本不考虑危险不危险了，因为几乎每天都要面对危险。"每天坐车10多个小时，张涛患上了腰肌劳损，劳累时三四天直不起腰来，后来出差时他总会带上两个护腰带。

到了当年冬天，阿坝州气温降到-20℃，却正值质监站最忙碌时，大量完工项目必须完成质量鉴定。张涛连续两个月出差，诱发高原反应，头疼、吃不下饭，嘴唇开裂、发紫，咳嗽持续一个多月未见好转。同事劝他回杭州治疗，他却犹如高山上终年不化、圣洁的冰雪一般扎根在阿坝州。有的地方没有电，晚上他穿着羽绒服、裹着3床被子，仍被冻得无法入睡……

在他分管交通工程质量期间，阿坝州交通建设未发生一起质量责任事故，未发生一起人员死亡人安全事故。援建期间，他还编制出台了《阿坝州交通工程试验管理办法》、《阿坝州公路工程交（竣）实施细则》和《阿坝州公路工程灾后恢复重建质量管理办法》等多个规范性文件，为阿坝州交通局质监站的后续发展奠定了理论基础。

因为工作表现优秀，2010年张涛被交通运输部授予"全国交通运输行业援助阿坝州灾后重建先进个人"。

最美手记：

意志，是一种看得见的"最美"力量，正如泰戈尔所说："在坚强的意志面前，一切都会臣服。"张涛个子不高，却足够伟岸，凭借不服输的性格、坚强的意志，不断跨越着险滩，攀登着人生的高峰。始终精神昂扬，可敬可爱可学，他是我们身边触手可及的榜样，不停散发着鼓舞人心的正能量。

作者　林书博

浙江百名最美交通人物

方尚伟，1977年出生，中共党员。现任宁波市交通质量安全监督站水运监督科副科长，是一名从施工一线成长起来的优秀质量监督工作者。

2011年，他被宁波市海砂整治工作领导小组授予"先进个人"荣誉称号；2011~2012年，连续两年被宁波市质监站授予"文明执法员"荣誉称号；2013年，被浙江省质监局授予"质监先锋"先进个人荣誉称号。2014年，被评为全省交通运输行业百名最美人物之一。

方尚伟：技术是我生命中最动听的音符

初见方尚伟，由于长期在工地一线跑让他脸上拥有了普遍的"工程色"。略微黝黑的脸，笑的时候，两边露出腼腆的酒窝。一开始采访方尚伟，让记者感到很纠结，因为他有着交通工程人的共性：让他谈谈成绩时，想了半天也只蹦出几个字来；而他对工程技术、管理理念的描述却驾轻就熟，娓娓道来，生涩的技术术语在他谦逊的言谈中仿佛跳动的音乐音符，浑身都闪烁着对技术的热情和光芒！

27岁，开创了最年轻总工记录，至今无人能破！

小时候，由于身边的亲人很多是从事水利水电工作，可以说是"水电世家"，所以他考入天津大学，就毫不犹豫地选择水利工程专业。但许是天生与港口航道有着说不清、化不开的缘分，由于成绩优秀，被学校优先调剂到最热门、最重量级的专业——港口航道。

越是了解这个专业，方尚伟越是喜欢。由于成绩优秀，1999年，方尚伟一毕业，当时就业的"香饽饽"单位——中交第三航务工程局就向他抛出了橄榄枝。初入单位，很多人对方尚伟的印象是，小伙子比较沉稳，不鸣则已，一鸣惊人。

原来，初出茅庐的天之骄子总给人一种自视甚高的感觉，解决具体事情时，很容易显得浮躁。"但方尚伟就不一样，面临技术争论时，他首先会默不作声，虚心听取各方意见，事后可以连续蹲在工地好几天，拿出来的方案却让你觉得心悦诚服。"与他共事过的现万华化学（宁波）码头的董事长纪女士表示。

在北仑港工地上，同事们会经常看到他埋头灯下，仔细研究实验、撰写报告的身影。"没有把握的事他从来不做，在有把握之前，他只会沉下心来不断学习。"纪女士眼睛里满是赞叹的神情。

方尚伟（左2）在施工现场沟通

正是这样沉下心来刻苦钻研，让方尚伟养成了用技术说话的习惯。没到3年，他就从一堆大学毕业生中脱颖而出，被公司委以重任，在27岁时，成了最年轻的项目总工。

由于为人谦和、技术过硬，方尚伟得到了项目部各方工作上的支持，但是他的项目总工之路也并非一帆风顺。曾几何时，他也为施工过程中的一点瑕疵，反复和民工沟通，要求返工，甚至和民工吵过架，但这并不影响他在群众中受欢迎的程度。

让大家印象最深刻的是，当时在北仑港一码头工程，施工时围图崩塌，外部的混凝土全部坍掉，严重影响了内部桩基的稳固性。

"罚，必须罚！"方尚伟目光坚定，当机立断，"我的当月工资、奖金全部扣光！"

事故面前，以身作则的态度，一下子稳定了军心。大家开始沉下心来，各自检查，寻找原因。经过几天几夜的技术参数检查，他们终于找出问题的症结："围图的强度、挠度不够！"

于是，方尚伟雷厉风行，率先从设计方案追责，终于发现当时设计之初就有问题。

"仔细反省，是我工作不够仔细，当时忙于各种管理环节，却对设计问题有所疏忽。"至此之后，方尚伟暗暗地咬紧牙关，开始在管理上下苦功，进一步钻研统筹安排的能力。这似乎为他以后的管理生涯打下了坚实的基础。

将技术化为全国工程普遍应用，是我最开心的事！

如果说做项目总工的经验让方尚伟积累了扎实的技术和管理经验，那么在施工一线工作8年之后，得到了当时宁波市交通工程质量安全监督站的领导和技术人员的肯定，又向他抛出了橄榄枝，则让他经历了又一个"难忘的8年"。

从施工一线华丽转身到质量安全监督部门的管理者，方尚伟既有优势，也会水土不服。优势是施工的每一环节，他都了如指掌，所以项目部任何的偷工减料、环节疏漏都逃不过他的眼睛。但是又对他提出了新的考验：如何快速地从一名技术人员成长为一名行业管理者。

行业管理部门要求用更高、更宽阔、更专业的视野，去引导整个交通工程朝着有机的方向发展，所以逐渐地，方尚伟做任何事都想着，如何找出这个行业的技术、管理共性，为整个行业所用。

丰富的施工一线经验很快地让方尚伟找到突破口，他发现码头面层裂缝已成质量通病，很多项目对此一筹莫展。最初，方尚伟在团队协作下，采用将原材料减少收缩的原理，对混凝土进行真空吸水。这样调整混凝土、水的配合比，来减少水膨胀的方法，让混凝土面层裂缝得到一定程度的减少，但效果仍不理想。

"既然对内部结构采取收缩效果不够完美，那就从外部下手，采用释放原理，一缩一放，可能有新收获。"善于钻研的他立马着手，通过降低梁顶标高、在梁顶割双缝等方法，释放裂缝压力，再用聚氨酯进行封闭，以达到释放裂缝压力的目的，最终有效解决了面层裂缝的问题。

"不要小看这简单的几个方法，其实这项研究贯穿了整个8年的施工生涯。"当时和方尚伟同在施工一线的同事表示。然而令他们没想到的是，变身为行业部门管理人员后，方尚伟继续刻苦钻研，将其上升为工法，并撰写了《梁顶面层裂缝控制》，在权威学术期刊《水运工程》上发表。该工法在全国得到了广泛的应用。

他还提出了采用H型螺母（圆台型螺母）设置施工螺杆等码头混凝土结构耐久性技术、宽平台码头上部预制构件采用龙门吊与普通起重船配合安装、浇筑桩帽（或横梁）后进行桩基嵌岩（或锚岩）等施工技术，如今在现有水运工程中都得到了普遍应用。

对技术的尊重就是热情服务的强大支撑

在行业管理工作中，光有过硬的技术、高超的管理能力是不行的，还要有一颗热情服务企业的心。

三星重工码头建设人员，清晰地记得这样一件往事。2009年，设计三星重工码头之初，设计单位给出的是"重力式沉箱"方案，就是将18个长10多米，高近10米的混凝土沉箱在岸上加工好，通过吊装形式，直接注入海底，继而集中整合成码头。

当时，方尚伟在对工程进行监督检查中，就对设计方案提出疑义，认为设计方案施工可行性不高。但是建设方出于成本等综合原因考虑，还是按照原有设计方案进行施工。

当沉箱预制完成后，计划吊入海底、打算扎根时，却发现基床已淤积厚厚的淤泥，偌大的"大家伙"在茫茫大海之中，根本无法安装到位。三星重工码头的建设方慌了神，一时找不出解决方法，立马向方尚伟求助。

在另外一个工地检查的方尚伟接到电话后，就立即驱车赶到现场。经过对设计数据的反复测算、现场调查后，方尚伟一下子把握了问题的命脉："建议改用高桩码头方案。"

当一个个高桩扎实地打入海底，宛若定海神针一样岿然不动时，三星重工施工方心悦诚服，并感激地表示："当时早就听你的好了。"这时，方尚伟再一次扬起他标志性的腼腆笑容："希望以后更注重对数据、技术的严谨追求。"

像这样临危不乱，给企业提出有效解决方案的例子实在太多，但在记者的追问下，方尚伟还是半天答不上来。"这也是整个团队的力量，我只是其中一分子，没什么可多谈的。"神情中，满是对技术的敬意和团队的骄傲。

最美手记：

"只会做，不会说"是一直以来大家对交通人固有的印象，而当你看到像方尚伟那样的许许多多技术、管理人员对专业知识的无上追求，这些只有谈起技术参数脸上才能放光，而一谈到成绩却腼腆、低调的人们，你就会发现这是一群多么可爱的交通质监人！逢山开路、遇河架桥，是他们凛然的士气，而对专业和技术的追求，则是他们为之奋斗的活水与源泉！

作者　吴宇熹　甘军仁　黄　俊

浙江百名最美交通人物

潘雪峰，1976年出生，湖州市交通工程质量安全监督站质监科长，从事过工程一线的施工管理、办公室综合管理工作，以及工程质量监督、工程安全监督工作。

2009年被评为湖州市交通局质监站"安全工作先进个人"，2009年和2011年文明职工，2010年被省厅质监局评为"优秀共产党员"，2011年被省厅评为全省交通运输系统"安全质量年"活动"先进个人"，2013年度湖州市重点建设先进个人。2014年，被评为全省交通运输行业百名最美人物之一。

潘雪峰：细嗅生命芬芳

总是在时间悄悄逝去之后，人们往往才惊觉，该做的事情还没有开始，新的人生选择已经来临。譬如在40岁的年纪，再去做20岁毛头小伙子才做的绚烂的梦，总归不那么让人信服。于是就有了我们面对人生的一声喟叹。

但是有一些人，每一步都在和时间赛跑，每一段岁月都尽可能地活出美好，如同一朵寂静绽放的无名花朵，自顾自的美丽，既丰饶了自己的生命，也照亮了身边的众生。

潘雪峰，一个低调而朴实的年轻人。除了一脸单纯的笑容外，走在大街上都不会有人多看一眼。但是每个了解他的人，都感受到了他对生活的执着，对爱和人生价值的体悟，嗅到了他散发的生命的馨香。

从工程管理部门调入质监部门后的6年时间，潘雪峰先后在质监科、安监科和办公室里担任管理岗位，从质监基础业务到人事、安全、信息、宣传、党建、后勤等岗位上一路走过，他成了湖州市交通工程质监站人所周知的"全才"。

纯工科出生的他，却总想着总结经验，让行业里以后的工作能有章可循，有先例可比对。在短短一年时间里，他整理现场记录，梳理工作流程，制定案例文本，累计写出上百万的文字材料。

人生无常，他身患重病，右臂两次手术，打着石膏，装着钢板，却总是一副笑脸面对生活，面对工作，总是以满腔的激情，面对身边的人和事，像一个自信而坚强战士，将不幸和挫折远远抛在身后。

他爱他的生活，他的家人，他的工作，他的朋友，所以，他让自己有最美的心情和状态，有最美的目标和成绩，让每一天的时光都沐浴最美好的"阳光"。

责任与担当是生命的厚度

在不少人眼里，干工作就是在履行一份义务，为了生活不得已而为之的事。还有一些人则把工作看作事业，孜孜追求，体会向成功迈进每一步之后的收获与喜悦。潘雪峰则有不同的理解。他觉得工作也好，生活也好，为人处世也好，最最重要的是一份承诺，一份担当。

刚参加工作时，他是杭宁高速公路建设指挥部的一名普通员工。每天和同事出去跑工地的经历，让他对自己的工作有了最初的认识：修路造桥是积善的好事，但是每一个细节也关系到将来旅客的生命安全，马虎不得。10年高速公路建设管理的经历，让潘雪峰积累了丰富的工程管理技术经验，一路从懵懂少年成长为技术管理骨干。更为重要的是，让他体会到了交通人肩头沉甸甸的责任。

到质监站工作后，他把原来在指挥部工作时的一些理念和经验带了过来。他格外重视工程的现场管理。有人打趣说：别人下工地是检查，潘雪峰到工地是研究。不仅要拍照片、做记录，他常常会观察施工人员的现场操作，询问工人施工中的细节，思考其中容易偷工减料和出现问题的地方，从工程实体之外，发现和纠正施工中存在的质量安全隐患。

"等到工程出了问题才去纠正，损失已经产生，纠正难度大，管理阻力也大。所以要把质监管理关口往前移。"他和同事反复强调规范化和标准化的重要性，强调质量问题预防管理，防患于未然。这样的工作方式往往要求管理人员花费更多时间，正常工作日260天，潘雪峰有将近200天，奔波在辖区的各个工地上。在潘雪峰的工作笔记里，记录着每次下工地检

潘雪峰的生活充满了阳光，除了家人，狗是他生活中的"挚爱"

查时发现的或是需要注意的重点问题。

工地现场地形复杂，但是质监人要去。他们要在各种结构物中爬行穿梭，要进入狭小的涵洞、箱梁。也正因为这样，潘雪峰说："因为难以检查到或者存在危险就放过检查，是对施工人员和将来旅客生命的不负责，也是对自己的不负责。"

他的负责让人印象深刻，他对待工作的态度和思维方式更让同事们佩服不已。有一次，当他正在桥梁斜塔下方查看安全情况时，忽然一根钢筋从天而降，直直落到脚边。如果当时再稍微迈出一步，就可能遭受生命危险。每次想起这件事，潘雪峰的家人就后怕不已。但是潘雪峰却想到了现场安全管理的另外一些细节：这个地段工人们很少滞留，临边防护要求不高，却是管理人员日常巡查的必经路段。我们遇到了危险，对他们来说就是一个不折不扣的安全隐患。在以后的工地检查中，潘雪峰特意对管理人员巡查路线的安全管理也作出了要求。

执着和爱的分量

心细，执着，是大家对潘雪峰的一贯评价。潘雪峰认为，他这样的性格和自己的生活环境分不开。潘雪峰拥有一个温暖的大家庭，做人要老实、本分、有担当，是父母一直以来的要求。他的姑妈是一位40多年军龄的老兵，父辈对工作的敬意，对生活的感恩，也深深的影响到了潘雪峰的内心。有一次姑妈遭遇车祸，大家都劝她好好休息几天，可一周后她就返回工作岗位了。"不是说我的工作多么重要，而是离开岗位感觉心里不安。"家庭聚会的时候，姑妈很认真地和潘雪峰交流。这样的交流，他们家里每隔一段时间就会有一次，长辈们都会关心他工作上的事。他笑称这算是家庭式政治学习会。

小时候，他还常常跟着父亲，自己动手修水管、修灯、修收音机，做各种各样的东西。这些是温暖的记忆，更是他培养良好学习与实践习惯的宝贵财富。

参加工作后，他一直点点滴滴积累和学习工程管理经验，摸索工作方法。很多人觉得他高速公路都管过了，管地方道路的小项目，肯定是得心应手，轻松很多。但他却不这样认为。"工程建设是体系性的工作，需要很多工种、很多人的合作，才能有所成就。国省道和地方道路建设环境不同，参建人员素质和管理经验不同，质监工作会面临更多挑战。"

事实上，在具体工作中，他也确实遇到了比高速公路建设管理期间更多的难题。比如在钢筋骨架制作的事情上，在高速公路项目上，一旦发现制作不规范，只要指出，施工单位就能认真整改到位；而在地方项目上，这样的情况出现得比较多，他不但会指出不规范之处，还会讲明这种不规范带来的后果，以及在制作中应注意的细节。这样类似于交底的讲解，他甚至是不厌其烦地重复多次，也要求一次次地拆除重制，直到施工单位按照规范和图纸的要求完成。他对工作的执着和激情，赢得到施工单位的理解，管理也落在了实处。

潘雪峰（左3）在工地中

"现在技术更新换代快，如果不去学习，我们就会跟不上。"说起工作，他一脸严肃，"有时候想想，觉得自己的能力水平和现在工作所要求的，真的差了很多，心里总是会不由的一阵害怕。"在他眼里，每一次下工地，都是一次学习的过程。为了弥补专业知识上的不足，潘雪峰几年时间内自学了包括房建、水运、绿化、机电等各方面知识，以便应对在工地各个工中上出现的管理问题和突发事件。

永远不要可怜自己

意外总是不期而至。

2008年，他右臂罹患骨巨细胞瘤。多方治疗无果后，不得不进行了第一次手术。当时为了尽可能多地保留右臂功能，医生为他选择了骨移植手术。几个月后，他就乐呵呵地出现在的办公室。还是那样纯真质朴的笑容，还是那副拼命三郎式的工作态度，让每个关心他的同事们都觉得心疼。

2012年，移植的臂骨再次复发，医生不得不截取了他大部分的右臂骨，给他安装上人工假体。

两次病痛的折磨，不仅没有让他放弃乐观的生活态度，反而让他更加坚信。不管面对什么样的挑战，都一定要活得精彩。他曾反复告诫自己，决不能认为自己是不幸的人，能拥有一份愿意为之奉献的工作，有一群关心和爱护自己的亲人、朋友，自己是幸运的。更应该用热情、勤奋去回报自己的人生。

两次手术后的一年多时间里,他克服病痛带来的不便,完成了100多万字的材料和学术文章,丰富了整个湖州的交通质监工作体系。回到质监科工作后,他还是像以往一样,每天都泡在工地上,继续去寻找那些可能存在的隐患。

不了解他的施工人员,只知道他是一个右手不方便,但是工作很严格,态度很亲切,服务也很到位的管理人员。了解他的人,都不由自主地受到了他的影响。

湖州质监站的几位领导提到潘雪峰,都由衷地称赞他的工作作风、业务水平;他的同事们提到潘雪峰,大多会被温暖的回忆充满内心。那些一起通宵拼搏之后,累倒在工地上的夜晚,那些一起研究问题,解决后大声欢笑的瞬间,是潘雪峰最美的时刻,也是同事们人生记忆中的最美好时光。在不知不觉中,潘雪峰生命的芬芳,悄然影响到了身边的每个人。

最美手记:

不管儿时有过怎样灿烂的梦,融入芸芸众生才是绝大多数人的现实人生。但是在我们平凡的时光中,总有一些人,会让我们重拾对他人的信心、对生活的梦想。潘雪峰就是这样的人。他的乐观、自信、豁达,驱散了身边很多人内心的彷徨。采访他之后,竟有一种豁然开朗的感觉。

是的,如果不被自己打倒,内心充满了爱与幸福,世事能奈我何?

作者 张 帆

浙江百名最美交通人物

陈雷伟，1975年出生，2008年毕业于武汉理工大学法学专业，曾任乐清市运管局稽查中队副队长、二中队中队长、机动中队长等职务，长期从事交通行政执法一线工作。2013年8月起，陈雷伟任乐清市交通工程质量监督站站长。

近10年来，陈雷伟几乎每年都获得乐清市优秀工作者。2013年，他荣获温州市交通建设工程质量先进个人、2014年荣获温州市交通质监行业最美质监人称号。2014年度，被评为全省交通运输行业百名最美人物之一。

陈雷伟：铁面无私的"质量守护神"

在运管基层一线一呆就是10多年，2013年进入交通质监系统后，他巧妙地将一线执法经验，运用在质量安全监管领域，取得了良好成效；到质监系统仅一年的时间，他就立下了卓越战功：完成了乐清市交通工程质量监督站建站以来的第一个一般程序行政处罚；玩得了微博微信，经得住威逼利诱，抗得住艰难困苦……他就是乐清市交通工程质量监督站站长陈雷伟。

现代"包公"一身正气

记者见到陈雷伟的时候，第一印象就是皮肤很好很白。他非常平易近人，交谈过程让人觉得很轻松。陈雷伟告诉记者，1995年他进入交通运输公司从事文书工作。2003年，进入乐清市道路运输管理局，这一呆便是10多年。在运管的这些年，陈雷伟曾历任运管局稽查一中队副队长、二中队中队长、机动中队长等职务，除了要经常值夜班以外，还要频繁与非法营运人员抗衡，也就练就了他"铁面无私"的严格执法方式。由于长期在交通行政执法一线工作，扎实的业务功底和长期在一线磨练的工作经历，使他获得了较为丰富的行政执法、管理经验，在实践中成长为一名熟练的交通管理干部。

2013年进入质监系统后，他明白要监管好工程质量，就必须"铁面无私"，严格执法。

陈雷伟告诉记者，2014年的一天，他正在对乐白公路隧道进行例行检查，发现锚杆有些松动，随手一拔就拔出了一根，这引起了他高度的重视，马上要求检测公司对现场进行了全范围检测。结果发现，锚杆质量严重不符。为了找出真相，他一次又一次亲赴现场进行检测，有时候甚至一呆就是半天。隧道里的空气不好，甚至感觉不舒服，但为了把好工程质量，他不在意。

据其他质监同事介绍，他先后用了整整20多天的时间，通过证据收集、谈话笔录、集体讨论、发出处罚决定书等程序，克服了办案经验欠缺等各方面困难，并最终将证据摊在了各方面前，将那些试图"打招呼"的一一击退，开出了乐清质监站建站以来的第一张行政处罚单，实现了温州市县质监站交通行政处罚"零"的突破。最后该工程对锚杆进行了全部返工，切实消灭了质量安全隐患。

自此，陈雷伟一战成名。他告诉记者，行政执法有效制约了从业单位的违法行为，起到一定的威慑作用，确保质监主管监督工程项目的质量和安全生产，同时提升了执法人员的法律素养、执法水平和交通质监执法形象。

为人低调 默默奉献

都说，人怕出名猪怕壮。这句话在陈雷伟身上得到了印证。在陈雷伟看来，他的责任远远比出名后的这些沉甸甸的荣誉重要。他的认真源于对质监工作的热爱，就是这份热爱，一直激励着他前行。

过去，除了常规的检查之外，基本没有单位会主动要求质监系统介入项目检查，现在，却有越来越多的项目主动找到陈雷伟，邀请他去项目现场进行质量安全监管。"通过行政执法，能有效制约从业单位的违法行为，起到一定的威慑作用，确保我站主管监督工程项目的质量和安全生产。在那次开出行政处罚单后，更多的单位看到了我们的权威性，也更积极主动地要求我们去提供服务。"陈雷伟说。

2015年"五一"前夕，陈雷伟在进行常规节前检查时，接到一个电话，他立马奔赴到了项目现场。经过一番详细了解，他发现该项目存在很多隐患，主

陈雷伟在现场

要原因是监理人员不专业和施工方不了解，比如水泥配合比不合理，现状与设计不符等问题，业主需要负全责。于是陈雷伟主动跟业主进行深入沟通，要求业主聘请专业监管人员到现场监管。此外，他还在最短的时间内约谈了项目各方。

通过他的各方协调，该项目的返工率达到了75%，保证了工程的质量。"很多项目业主都会主动邀请我们进行项目监管，发现问题后还会要求我们加大处罚力度。"陈雷伟告诉记者，"因为监管成效很大，上级领导也看到了我们的成绩，我站也先后荣获省'优秀基层执法站所'，省'质监先锋'示范单位等荣誉称号，这既是一种荣誉，更是一种鞭策。"

深入基层 倾听百姓心声

当记者问起陈雷伟，在运管和质监工作时最大的区别是什么，他回答，在运管的那几年，接触的大多是老百姓，而来到质监以后，接触更多的是技术人员。但他认为，老百姓的心声同样重要。不管是做交通的哪一块工作，都是在为老百姓办事，倾听他们的心声对自己的工作很有帮助。有时候他还会深入基层，亲自体验。

2006年，乐清市出租车发展迅速，那时候他是乐清市道路运输管理局的一名执法人员。他告诉记者，当时他每次去外地出差，都会坐坐当地的出租车，体验其他城市的运管工作，从而总结经验，更好地服务乐清市的出租车行业。

当时，乐清市出租车行业发展并不规范，投诉比较多。为了更好地深入基层，倾听民声，了解出租车行业，陈雷伟在新浪微博注册了一个账号"运管小陈"。他告诉记者，当时注册微博账号的初衷，是为了通过网上讨论，除了让老百姓了解运管的工作模式，还要消除网上针对出租车行业的舆论压力。对于百姓的投诉和提问，陈雷伟都亲自一一解答，有时候晚上下班回家，甚至要回复到半夜。但他从来不喊累，不嫌麻烦，对百姓的问题都给予耐心地解答。

到乐清市质监站后，陈雷伟依然重视百姓的心声。在工程质量监督工作中，百姓若有问题，他都会跟他们耐心地进行沟通。2014年6月，根据陈雷伟回忆，乐清市平园村要修建一路一桥，由于国库拨款不够，村里百姓要自己募捐出一部分钱修路。村长为了能给村里省钱，希望能够取消监理这块工作。陈雷伟告诉记者，在一项交通工程建设中，每一项管理环节都至关重要，不能取消，否则将直接影响该工程的质量。"国家投资修路，老百姓盼着走上好路，我们只有严把工程质量关，把路修得更平坦、更畅通，才对得起国家、对得起百姓。"他说。

为了规范乐清市农村公路工程安全、质量监督行为，陈雷伟始终深入一线，围绕管理与服务这两大主题，坚持以管理服务对象为中心，对照法律法规精神，起草《乐清市公路工程质量监督实施细则（试行）》和《乐清市公路工程安全生产监督实施细则（试行）征求意见稿》，明确工程建设中的安全质量责任、监督内容、职责等，完善交通质监规章制度。

在采访的尾声，陈雷伟告诉记者，造一座桥、一条路并不是那么容易的事情。做质量监督者，不仅要铁面无私，更要将心比心，做一个最专业的行政执法人员。

心系百姓，腿勤、眼勤、脑勤、嘴勤、手勤，陈雷伟就是这样一个人。正是因为他有强烈的责任心和务实的工作作风，乐清市的交通工程质量才得以大大提高。

最美手记：

在乐清市老百姓的眼中，陈雷伟是一个心系百姓，真心实意为百姓办实事的人；在施工单位和施工人员的心中，陈雷伟是一个认真严格、不为名不为利，一心扑在公路建设上的"质量守护神"。他的"最美"，通过开朗、亲切、善于沟通这样的特质，感染着身边的大家。

作者　郑怡萱

浙江百名最美交通人物

张金龙，1980年出生，籍贯江苏，大学本科学历。2003年参加工作至今，一直在余姚交通工程咨询监理有限公司从事工程监理，现任公司副总工。

2011年，他获得"浙江省公路水运工程优秀监理工程师"称号；2011年，被评为宁波市重点工程穿好公路劳动立功竞赛建设模范。他所负责监理的宁波市余慈高速公路工程，在2014年度连续两个季度，被宁波市交通工程质量安全监督站评为季度检查第一名。2014年，被评为全省交通运输行业百名最美人物之一。

张金龙：知行合一的"服务者"

每天的6点，是太阳初升的时刻。一个80后的年轻人，习惯于这个时候，在余姚的城市边晨跑。他已经来到这个城市12年了。12年来，各种建筑物在这个城市里无声地疯长，但是在竣工之前，很少有人对它们产生兴趣。12年来，他也参与了不少桥梁的建设，他说："对工程负责，也是对生命负责。"冥冥之中，他来到了知名思想家王阳明的故乡，默默地秉承着古人的智慧，开启了自己人生的"知行合一"。

知：希望我负责的工程经得起时间的考验

和很多交通建设者一样，张金龙也是科班出生。毕业于长安大学桥梁工程专业的他，毕业以后，便开始从事现场监理这一工作。在他看来，要做一名合格的监理，必须具备两点能力：其一，是精通的业务能力；其二，要有责任心。"你必须懂，才能在施工方面前讲出道理，让他们信服。"他这样说，也是这么做的。

2006年，张金龙工作3年，正在做杭甬运河上凤凰山桥的监理。为了确认钢管主拱里的混凝土是否饱满，张金龙爬上了距离水平面30米高的脚手架。通过敲击听声音，确认里面是否有空洞。当时，和他一起攀爬脚手架的，还有一位负责拆搭脚手架的架子工。"这方面他是专业的，爬上爬下比我灵活很多，我就系着安全带，在他的带路下，边爬边检查，检查一次差不多是 1 ~ 2 小时。"

"你会游泳吗？有没有想过如果摔下来了怎么办？"面对我的好奇，张金龙说："第一次爬当然是害怕的，老实说腿也是抖的。但是我想想，总是要自己亲自看过听过检查一遍，可能才会更容易发现问题。后来，爬了二三十次，也就慢慢习惯了。"

后来，我才知道，通过他的现场监理，预应力张拉浆的饱满度得以大大提升。"不去一一检查，有些预应力施工不到位你可能发现不了。有的人可能觉得稍微差那么一点也没有关系。但是我却觉得，每一个都差一点，整个工程就会差很多。把每一个环节做好，才有可能做出优质工程。"。

在我看来，张金龙似乎有点"完美主义"倾向。他没有否认，只是给我讲了一件关于他"师傅"的故事。2006 年，位于余姚的姚州大桥需要拓宽改造。当时，这座大桥已经建成 10 年了，当年是他的师傅赵军负责监理。10 年过去了，打开因改造需要替换掉的 T 梁内部后，发现里面的预应力孔道非常饱满，钢绞线依然崭新，桥的质量非常好。"这件事给了很大的震撼，说明这座桥的质量控制做得非常到位。我希望，自己经手的项目，也能经得住时间的考验。"

对于他的努力，时间给了一份好答卷。2013 年，菲特台风给余姚市区带来了巨大的影响，大水淹城，唯独 2006 年由他负责的这一座姚州大桥没有被淹。最终，姚州大桥承担了全城的救援通道，被称为"余姚的生命线"。

行：标准化就是要做到可复制

事实上，任何一份工作，要做好，都有压力。作为一名监理工作人员，张金龙也承担了很大的责任，压力也就随之而来。他说："常常会做梦，梦到支架塌了或者钢筋'露骨'了。所以在现实中，我会尽自己努力，做更多的准备，防止出现工程质量的问题。"

余慈连接线是 2015 年起宁波推行质量安全标准化建设的重点示范工程，张金龙是该项目的总监。这名 80 后的宁波监理代表坦言，实行质量安全标准化建设之后，他自己设计了一套包括地基处理、支架进场验收、搭设验收等管理办法与表格，以一套标准的验收流程规范管理。"所谓标准化，就是程序的规范、统一、可复制。而作为监理，该管的一定要管到位。"这是张金龙作为一名监理秉持的原则。

在实行标准化建设中，他始终任劳任怨，与现场监理员一起加班加点，严控各道关卡。开展"四新"技术时，他早已提前全面掌握各项要点，并且在施工过程中反复修改和完善，力求工艺精益求精。他所监理的项目优良率达到百分百，其中钢筋保护层的合格率从50%提高到了90%，成为全行业的标杆。

在他的身上，除了有监理人爱岗敬业、尽心尽职、技术能力突出等传统标签之外，还有善观察、乐交流、爱琢磨的细致品质。他说："把工作做细了，自然就做好了。"

虽然已经是副总工了，但是张金龙（右1）仍喜欢亲力亲为

施工人员作业时，张金龙就站在一边观察他们每一个操作工序，并且一一记录下来，空闲时，他会跟每一个一线施工者交流，从操作和旁站两个方面，分析质量的隐患点所在。通过与工人的交流，他还自己琢磨出了一些监理工作可以用到的"小窍门"。比如在做钢筋套筒焊接前，可以在钢筋接头处做一些标记，这样就可以更好地控制机械连接的到位。

平时，张金龙喜欢看些工科类的书，从其他工程中琢磨与造桥修路的相似之处，再总结出自己的一套操作方案，向施工方提出建议。从杭甬运河拓宽改造工程到舟山大陆连岛工程，从穿好高速到余慈连接线，张金龙的工作始终都是那么细致。

我们要做工程的服务者

每当看到一座雄伟壮观的大桥，我们或许会想到辛勤的施工人员，或许会想到巧夺天工的设计者，但是很少有人会想到其中一项细分的工种——监理。

监理工作最大的难度也在于如何更好地服务业主、做好质量把关的同时，做好施工企业的协调工作。所以，张金龙所在的余姚交通工程咨询监理有限公司以及他自己，都将监理工作定义为"服务工作"。

作为一名"严厉"的监理，"被骂"是常有的事情。"我的做法就是：第一，你要争取业主的支持；第二，我们自己要做到无差别管理，在同样的标准下，这个施工班组做得好，那个施工班组做得不好，我们就有理由去要求不到位的那个班组去改进，从而达到先进班组的施工水准。"有一次，他在舟山做一个项目时，要求一家施工不合规定的企业停工。当时管理人员和一线工人都把监理办围住了。他觉得停工不是目的，通过停工让施工单位整改从而达到要求，才是最终目的。于是，他在现场拿出了建议、改进方法与预防措施，施工企业自然由不理解变得理解了。

为了更好地做好服务者，作为一名交通监理人员，节假日自然也是没有的。除了过年，其他时间都需要 24 小时待命。回忆起来，张金龙说，最辛苦的应该是在做桥梁专监的时候。桩基施工需要判岩，一个晚上可能会被叫起来 3 次，来初步判定钻孔入岩深度是否足够，再通过业主联系设计单位最终确定桩长，确保桩基承载力满足要求。"最忙时，可能凌晨 12 点、3 点、5 点，都要被叫醒，工作半小时后，再入睡也挺困难了。这个可比管孩子还要辛苦了。孩子小的时候，主要还是老婆带。而工作上，必须是自己亲自把关。"

当然，有辛苦就有收获，在宁波穿山至好思房公路工程项目的监理过程中，张金龙所在的监理办，四次取得宁波市重点工程劳动立功竞赛优胜单位、一次年度建设模范集体。"最开心的事情，就是自己开车经过这条路，看着我们的公路穿山越岭，曾经的天堑变成通途。"

如今，张金龙每天还会晨跑。通过晨跑，他觉得每天精神状态都会有所提升："在我们低头干活时，也别忘了抬头看看天。想想人生，人要取得平衡，不在于每天花多长时间工作，又能余下多长时间过自己的生活，而在于我们的选择：我们选择了要什么、选择做什么、选择如何有质量地去做到，也在于我们是否能够寻求到内心的那份安宁与坦然。"

最美手记：

无论是人生，还是工程，有些东西可以将就，有些东西却是"差之毫厘，谬以千里"。张金龙的最美，就在于他的执着与坚持。他为标准化设计了一套自己的表格，而他的内心也有一套标准。通过他的"步步为营"，把看似简单，但平常大家往往做不到位的"一件件小事情"做得更好些。一点一点向前拱，标准化建设才能被一步一步地贯彻落实，工程质量哪还有不提升的道理？

作者 陈 佳

浙江百名最美交通人物

石洪波，1968年出生，1991年毕业后，先后在浙江有色测绘院、浙江遂昌金矿从事测量工作。2000年8月至今在浙江义达工程监理咨询有限公司从事公路工程监理服务工作。

因为工作成绩突出，石洪波获得了浙江省2009年度优秀监理工程师、交通部2010年度优秀监理工程师称号，并在2012年被评为东永高速公路优秀监理工程师，2009年、2012年被评为义乌市交通运输局优秀共产党员等多项荣誉。2014年，被评为全省交通运输行业百名最美人物之一。

石洪波：铁肩担责任　磊落获人心

石洪波笑称，他是为了爱情才踏入"监理工程师"这一行，一干就是十几年；因为干了十几年监理，"其他不会干了"，所以只能倍加用心地干这一行。

认识他的工友都有些怕他，因为他拿着一根铁钎，哪里不合规定就直接敲掉重做；熟悉他的同事都十分敬他，因为他行事磊落，责任为先，从未收获过一句差评。

"这十几年，我在家里的时间加起来不到365天"

1994年，江西小伙石洪波结婚了，他的新婚妻子是大学里小他一届的学妹。两人都是搞矿产测量的，一个在浙江，一个在江西，新婚就开始了两地分居的时光。1995年，石洪波正在奉化参加一个矿产项目，山里通信不便，他和妻子的交流仅限于书信。等他回到营地接到家人的来信时，他的儿子早已呱呱坠地一个月了。石洪波苦笑着说："还来得及回去喝儿子的满月酒。"

"实话讲，我是为了家庭才踏入监理这一行的。"常年担任总监理工程师的职位，石洪波讲起话来有些不怒自威的意味，而从这么个铁汉口中说出这句话，更显柔情，"我妻子1998年调任到东阳，我就想着不能在矿山上跑了，男人也得照顾家庭。"机会终于在两人婚后的第七个年头到来：当时义乌人才引进，石洪波凭借着过硬的知识技能，加入了浙江义达工程监理咨询有限公司。

只不过，无论是矿山测量还是工程监理，都是需要常年在外奔波的活儿。"当时我在义乌，妻子在东阳工作，不过这样已经很好了！我们一周能见两天面。"石洪波回忆起那段日子，不无唏嘘。

监理工程项目，往往一个项目就是一两年，多的时候甚至五六年。03省道大陈至青口段公路工程、义乌市佛堂至赤岸公路工程、杭州市萧山闻堰至03省道、19省道富阳上官至常绿段改建工程、义乌市稠佛公路拓宽改造工程、金华市金东区03省道与330国道连接线工程、东永高速公路项目……15年来，这些项目从未间断，而石洪波也从未停下奔波的脚步——从一个项目，赶赴另一个项目。"一个月能回一次家，家里的事情，都靠妻子操持着。"

谈到妻子，石洪波有些不自然，有些感情很难言语："妻子在东阳上班，儿子在义乌上学。我不在家，妻子每天就骑摩托车往返于东阳和义乌两地。一天四五十公里的路程，下雪下雨都是这样……"讲到这里，他稍稍停顿了下，似乎是在回忆，也像是感慨，"这15年，她从没有一句埋怨，这就是对我工作的最大支持了。"

"我把车停在一个入口，我的人站在另一个路口堵着"

高速公路工程项目监理，用石洪波的话说，就是把好"质量、安全、环保"的关。对于这三件事儿，他从不马虎。只要有任何不符合规定的行为，他的解决办法从来很简单直白——不合规定，即重做。

"质量和安全息息相关，太重要了！监理工作不能马虎，基本上每个项目我都拦过工程车。"石洪波说，"做监理这一行的，要有血性，当机立断，不能墨迹。"

2001年底，石洪波在参与杭州市萧山闻堰至03省道项目建设时发现，有一个路段的路基填充石块粒径过大，这会导致路面沉降，后果可大可小。"说白了，施工方为了省事儿，但当时我去现场一看，这种石头不能填充。"为了不让工程车开走，石洪波将自己开的车停在路段的一个入口，自己则堵在另一个入口，"那个路段就两个入口，我堵住以后让他们务必把石块粒径减小再填充，否则是不能通过验收的。"像这样"拦路"的事儿，石洪波干得可不少：因为铺路的沥青温度不达标，他站在沥青车边上就是不肯走；至于那些想省事儿的工程承包方，他也没少和他们争执。

"我手上有个铁钎，去现场的时候看到哪里不符合规定，直接敲掉重做。"石洪波讲这些话的时候底气十足,"我做事磊落,只讲公平公正,我占着理,不怕别人说什么。"石洪波的铁血个性,在业内无人不知,但大家更多的是佩服石总监的"硬腰板":不合格就是不合格,说啥都没用,只对质量负责!

个性刚硬的石洪波,在同事之间端的是好口碑。大家伙都对这个严肃却又真性情的石总竖起大拇指:"石总监他做事讲道理,更懂得体恤同事!"

同事们口中的体恤同事,在石洪波看来再正常不过。"我们参加一个项目,时间吃紧的时候连续二十几天加班到后半夜,有些现场监理白天还要跑现场,我一般让他们先去休息。"已经是总监级别的石洪波,特别看重

石洪波在施工现场

现场监理这一块,也正是因为从基层、从现场做起,他更懂得现场监理的辛苦。"我在白天的时候可以处理些相对强度不是很高的工作,所以我能熬夜;但有些同事白天的现场监理工作繁重,是不能熬夜的。"石洪波轻描淡写地说,"所以大部分时间,晚上都是我一个人来守着。"

"没有责任心,就别做监理这一行"

已近天命之年的石洪波,早已不需要整日整日站在施工现场监管。但这位石总监跑现场,却比不少小年轻还要勤。"现在最大的问题就是站的时间不能太长,腰不好了。"石洪波打趣自己的身体,"这也算是一种职业病吧。"

石洪波云淡风轻地说着"总有累的时候",却少有人知他的这份累来自哪里。"责任太重大了,这十几年时间,我只要是在项目上,总是觉得肩上的担子很重。"用石洪波自己的话说就是,"如果没责任心,就没有压力。但没有责任心,就别干监理这一行。"

一年365天,再忙再累的人也有个休息的时候,石洪波这十几年的监理生涯里,每年的休息时间不超过30天,这还是算上了周末和各种法定假期。"我这个人就是这种脾气,自己的事情要做好,别人做得不好的也要管。"石洪波说的"管",除了利用自己的休息时间,还在周末组织对公司各个在建工程进行巡查考核,提高公司监理从业人员的业务水平,并加强对工程的管理。还有就是常年无休地开机,甚至凌晨2点接到同事电话,也会从床上起来跑到工地上去看看。

多年积累的丰富经验，让石洪波成为工程质量监理这一行业的翘楚，他参加的"旧水泥混凝土道路面板的再生利用"课题获国内领先水平，并获义乌市科技进步三等奖。而这些，在他眼里却不是自己的功劳："我只是提供了现场的经验，不能算是我一个人的功劳。"石洪波总说自己不会讲话，直来直去。也是这份刚硬和耿直，让他成为一个优秀的监理人。

正如不少和他合作过的业主评价的那样："干监理，就是要这么干！"

最美手记：

采访最后，石洪波说："别把我写得太好，我没做什么特别的事儿。"他的最美，就是体现在数十年如一日的坚守之上；体现在他对质量的看重，以及对小我的"看轻"之上。一个老监理人，需要的就是这样说一不二、恪守严谨的精神吧。十几年和监理工作打交道，他丈量了大半个浙江的高速公路；多年默默无闻的奉献，他做着自认为"最普通"的工作。平凡的背后，才闪现这大爱。把每一块脚下的土地耕耘好，才能铸就辉煌！

作者　高　唯

浙江百名最美交通人物

于文先，1963年出生，1983年参加工作，中共党员，高级工程师，交通运输部公路、水运工程监理工程师、交通运输部公路工程试验检测工程师。历任专业监理工程师、驻地监理工程师，现属嘉兴市世纪交通工程咨询监理有限公司，任杭平申航道五长段总监理工程师。

2011年，他获得嘉兴市交通建设项目总监知识竞赛三等奖；2010～2011年，在浙江省公路水运工程优秀监理评选中获"优秀监理工程师"。2014年，被评为全省交通运输行业百名最美人物之一。

于文先：走南闯北的"江湖"人生

他是"江湖中人"，在闯荡中寻找自己的人生方向；他在艰苦的环境中打拼，在漂泊中历练价值、沉淀勇气；他对管理有着独特的见解，在实践中培养出优秀的团队和人才。

他就是来自嘉兴市世纪交通工程咨询监理有限公司的于文先，他让监理生涯充满传奇的色彩。

闯荡"江湖"，寻找自己的人生方向

林学工程师出身的于文先，自己也没想到，会跳出从事了20年的林业，投身于监理行业。

"最初接触监理这个行业是在电视纪录片中，觉得这是个全新且神奇的职业。"于文先告诉记者，慢慢地，他发现监理行业和林业有很多相通的地方，都是在一线，都是在艰苦的环境中打拼，都需要一颗坚韧的心。甚至，监理行业接触的事务很复杂，更充满挑战。

2003年，按捺不住悸动的心，于文先考取了省监理工程师资格证，跳槽到了黑龙江当地的一家监理公司，从此开启了他的监理生涯。

"当时参与的比较大的工程是201国道的改建，我是其中一个驻地监理工程师。"于文先回忆，"我们就随工程住在森林里，方圆50里没有村庄，买一次生活用品，一两个月就不下山了，喝的是山里的水，自己发电，一到晚上八点半就没有电了。"

北方的天气和南方不同，一到10月就漫天飞雪，一直到来年开春。"所以，一个工程都是 5～9 月连续干半年，24 小时施工。"于文先说，尽管老家就在黑龙江，但都是半年回一次家。

干半年休息半年，这样的节奏持续几年后，2006 年，于文先又一次做出了人生重要决定——离开生活近 40 年的地方，前往浙江，进入嘉兴市世纪交通工程咨询监理有限公司。"树挪死，人挪活。我想试试，自己的价值到底在哪里？"对于这次出走，于文先这样解释。

气候不适、与家人分离、新公司的适应等等，曾一度让他无所适从，但骨子中的勇敢无畏却支撑着他挺过了最初的煎熬，逐步找到了人生的方向。

从 2006 年到 2011 年间，于文先先后考取了交通运输部公路专业监理工程师、交通运输部公路监理工程师、交通运输部公路工程试验检测工程师、交通运输部水运监理工程师。

在浙江的这 10 年，于文先参与了嘉兴内河集装箱码头、嘉兴七沈公路凤桥段、湖嘉申线航道嘉兴段一期、杭平申航道五长段等大大小小 14 个公路水运工程，并渐渐成长为总监理工程师。

工程在哪儿，家就在哪儿

"水泥未计量即倒入水泥浆搅拌罐中，计量设备形同虚设；储浆池周围未进行防雨排水设置和安全围护；询问现场施工工人，无人能回答出正在施工的水泥搅拌桩编号；施工原始记录无人填记……" 2015 年 6 月，杭平申航道五长段现场，于文先与现场监理员一起，将《监理通知单（整改通知）》递到了施工单位手中，"明天我们会再来复查。"

受建设方的委托，监理办需要对工程质量、进度、安全、费用、环保、合同等全方位进行监督管理。杭平申航道五长段一共 7 个标段，作为总监理工程师，于文先每周每个标段至少要去现场看 1 次，也就是说，几乎每天都要去现场"报到"。

"工程到哪儿，我们就跟到哪儿。"于文先说，监理办都是设在工程现场最近的位置，监理人员基本都睡在那儿，"除了春节，全年无休。"

总监理工程师意味着什么都管，白天跑完现场，晚上还要赶材料，还不包括各种会议，"常常是深夜 11 点，办公室的灯光还亮着。"文秘程震告诉记者。

在于文先的办公室隔壁，就是他的宿舍。"工作和生活已经完全分不开了。"于文先说，他的妻子也是同行，现在杭平申平湖段任专业监理工程师。"虽然很近，但我们碰面的次数很少，1个月见1次差不多了，聊的也都是工程上的事情。"

"老家还有80多岁的双亲，1个已成家立业的女儿，也就春节回去1趟，挺对不住他们的。"说到家乡，于文先的声音有点低沉。

管理和协调，这是门"艺术"

于文先始终认为，没有规矩，不成方圆。每周，于文先都会认真检查监理人员的监理日记、日志，他总是这样要求监理人员："监理日记必须及时、真实、规范地记录，这样才能及时发现施工现场的各种问题。要有明确的整改意见，后续要有整改的过程记录、整改的结果检查、验收，做到前呼后应、动态、闭合管理。"

于文先还建立了监理办内部管理制度，依靠制度加强对监理办内部的管理，健全完善了监理的质量保证体系和安全保证体系，并对体系运行的有效性随时进行监控。"严谨、严格，涉及到原则问题，还有点凶。"专业监理工程师李秀这样评价于文先。

在湖嘉申线航道嘉兴段一期工程（秀洲区）任总监理工程师期间，从进场、施工组织设计、重大施工方案评审到工程结束，于文先都全程参与。他一直在努力适应业主的管理模式。在这期间，他制定了多项管理制度，并根据工程各阶段，针对性地组织编制不同工程内容的监理实施细则和安全专项监理实施细则，保证了工程的顺利开展。

航道工程监理项目涉及专业多，规模大，交叉施工管理、协调工作量大，这时候，又要有足够的耐心。

监理的角色，就是纠错的角色，因此在和施工单位的沟通中，对方不理解也在所难免。每当这时，于文先就化身"老娘舅"，一遍一遍地耐心解释，直到让施工方心甘情愿地整改到位为止。

不仅要协调外部矛盾，下属的情绪也要抚平。在采访时，一名监理面红耳赤地跑到于文先面前，抱怨道："施工单位不配合，这个事情我不管了！""别急，你把来龙去脉先跟我说说……"

事后，于文先告诉记者，管理和协调，就像一门"艺术"，监理有时候确实像"受气包"，但有时也可能只是沟通的方式问题。这个时候，作为总监，必须先冷静。

于文先（左1）在施工现场

"这么多年的磨练，让我的性格越来越平和。这就是职业给我的宝贵财富。"于文先说。

敢当"伯乐"，识别多匹"千里马"

"现在如果遇到监理方面的问题，90%我都可以当场解答。"这么多年的监理生涯，于文先不仅自身素质过硬，更识别了多匹"千里马"。

授之以鱼，不如授之以渔，这是于文先的理念。这么多年来，他也是这么做的。

在监理办，有1个连续4年被评为公司优秀员工的小伙子——曹康，他的成长，可以说与于文先密切相关。

2010年，曹康跟随于文先从事监理相关工作。刚开始，曹康做事总是给人一副懒散、没有目标的感觉，但是于文先却敏锐捕捉到了他骨子里坚毅和潜力。"我给他找了很多专业书籍，让他每天看，看完之后就提问。"于文先说，这样一问一答1年之后，曹康从1个懵懂小伙，变成了公司的技术骨干，现在1个人可顶2个岗位呢。

"人都有缺点，要善于发挥人的长处，弥补他的短处。"于文先说，曹康现在已不在同一个监理办，但还是会经常联系，聊聊业务。

2012年本科毕业的陈顺顺，专业是测量，但监理工作中，测量只是其中一方面。"刚一上班时，理论水平还可以，但跟实际操作结合比较困难。"于文先及时发现了这一点，开始引导他学习全面的业务知识，在现场操作中也手把手地给予指导。

"很庆幸，我碰到了一位优秀的人生导师。"陈顺顺这几年进步相当大。就在今年，公司新配备了一套GPS测量仪，选拔了10来人去学习这一技术的培训。目前只有陈顺顺能全过程地对此进行实际运用。

最美手记：

可以说，于文先是个"不安分"的人。41岁，他跳出了工作了20年的林业，投身至监理行业；44岁，他离开了家，跨越2000多公里，来到浙江。如何评价一个职业的好坏，有人认为是"高薪"，有人认为是"安逸"，而在于文先看来，一份职业能让自己发挥所长、能让自己快乐，才是最重要的。如今年已53岁，于文先说会将监理行业坚持到底。我想，经过这么多年的闯荡，于文先已经找到了自己的人生价值。

记者 陈 惠

浙江百名最美交通人物

王建群，1973年出生，现任衢州市交通工程质量安全监督站试验检测中心试验室负责人，曾参与杭金衢高速公路（衢州段101公里）、205国道（江山、常山、开化段）等工程的建设，主要从事试验检测工作。

他获得2006~2008年，衢州市交通工程质量安全监督站先进工作者；2009年，浙江省交通运输厅先进个人；2013年，再度获评衢州市交通工程质量安全监督站先进工作者；2013年浙江省公路学会科学技术三等奖。2014年，被评为全省交通运输行业百名最美人物之一。

王建群：一名用数据说话的交通工程"医生"

"我时刻怀着一颗强烈的事业心与一份责任感，认认真真做事，实实在在做人。"这是在检测一线工作了十几年的衢州市交通工程质量监督站试验检测中心试验室负责人王建群的真实心声。这位"用数据说话"，在工程建设中充当着"医生"角色的检测人，凭着对检测行业的无比热诚，独自摸索，以一种甘之如饴的心情尝尽了这个行业的各种酸甜苦辣，最终成为这个行业中当之无愧的"佼佼者"。

十年如一日，这不仅仅是一个说辞，而是他扎扎实实每天生活的真实写照。

吃苦　不惧困难是他的人生信条

文质彬彬，和蔼和亲，这是王建群给记者的第一印象，40岁出头的他，并没有这个年龄该有的老成，但是却透露出年龄该有的稳重。

1998年，王建群开始从事试验检测工作，10多年工作的积累与热忱让他成为衢州试验检测中心及该地区的试验检测管理工作的负责人。也正是这10多年的一线工作，让吃苦成为王建群的人生信条。

酷暑一日，记者驱车跟随王建群来到了杭新景高速八标，一路上山路崎岖，颠簸阵阵是上牙磕到舌头的节奏，眼见到记者狼狈摇晃的样子，王建群打趣地说："每次出去检测，我们都要狠狠地做一次免费的全身按摩,多好。"说完,王建群便和记者讲起了曾经检测的故事。

"以前的交通人,大家都说远看像是要饭的,近看是挖煤的。现在做我们检测这行,确实也是这样,背着仪器一走就是一天。"王建群感慨地和记者说,有时候带领着检测队伍进隧道检测,满隧道弥漫的粉尘让人喘不过气来。就是这样的恶劣的环境下,一检测也就是半天时间。出来的时候,鼻孔和嗓子里都侵进了灰尘,更别谈衣服了。

40分钟"全身按摩"的车程结束,王建群到达此次要检测的姜家大桥,检测4根立柱的保护层厚度,并对回弹强度进行数据检测。记者放眼望去,高高的山坡上没有一条像样的路,碎石铺满了陡峭的山坡,徒步攀爬而且还要带上仪器,并非易事。

"走,我们爬上去。"王建群一边拿着仪器,一边挥挥手示意同事开始测试作业。俯着身子,重心向前,石块不断在王建群攀爬过程中往山下掉落,"咚!"又是一阵碎石滚落,王建群一个不小心,趴在了半山腰的石块上,原来是脚踩空了。"大伙小心,注意。"险些摔跤的王建群不忘提醒身边的同事。一步一个危险,王建群终于爬到了桥梁的立柱边,这时,他的衣服已经湿透。王建群说,风里来,雨里去,冬日霜冻,夏日曝晒,这已经是他们工作中的常态了。

2006年至今,王建群一直致力于黄衢南高速公路、杭新景高速公路工程的试验检测工作及业主中心试验室的管理工作。仅杭新景高速公路一项,王建群平均每天就要跑大概6个标段,而每检测1个标段一般需要1个小时左右的时间,常常要夜深,他才能踏上归家之路。

面对繁重的工作,王建群依旧保持着乐观的心态,2012年,在衢州交通工程质量监督站(以下简称"衢州质监站")检测科人员减少的情况下,王建群担任了检测工作的主干力量,"平均每星期出门两三天是平常事,有时候忙起来甚至是四五天都在外面,习惯了也就好了。"王建群说。忙碌的工作让他一次次沉淀自己,也正是压力,使他成为衢州质监站检测领域当之无愧的领袖人物。

王建群(左1)在现场进行检测工作

重任　勇于担当是他的工作使命

面对两条高速检测的重任，王建群始终用过硬的数据说话。

黄衢南（衢州段）全长161公里、杭新景高速公路全长105公里。为了加强现场试验检测工作管理，工程开工之初，王建群就借鉴其他项目试验检测的管理经验，起草了黄衢南高速公路、杭新景高速公路的《试验检测管理手册》，不仅为黄衢南高速公路、杭新景高速公路的检测管理工作提供了依据，而且对现场试验检测管理起到了有力的控制作用，保证了工地试验室工作质量和试验检测数据的真实性。

工程开工后，王建群并没有懈怠，"把好源头关"，成为他做好工程质量又一手段。

"工作中，他常常奋斗在施工一线，带着我们对工程的原材料、半成品、成品质量情况进行定期不定期的抽检，并检查工地试验室试验能力。"同事小李告诉记者。

"加强对试验路段的监督抽查，就是为了向控制工程质量提供大量的试验检测数据，杜绝了不合格原材料、半成品、成品在高速公路上使用。如果发现的不合格材料我们一定会通知业主进行处理。"王建群说。

2013年随着杭新景高速工程进度的推进，各个标段的梁板陆续开始预制，而当时十四标段预制的试验梁板外观却很多气泡，这让业主和监理犯了愁。

"为了解决这个问题，我们会同施工、监理试验人员以及外加剂厂家人员通过对原材料进行了试验分析，对配合比进行了反复调整分析试验，最终试验调整出一个优化的配合比，使混凝土中的气泡减少不影响梁板的质量和外观。"王建群说，最终，杭新景高速公路十四标段预制的梁板以稳定的质量、先进的养护设施以及漂亮的梁板外观，成为一大亮点。但是没人知道，在项目的背后，他倾注了太多的心血和太多的汗水。

思考　善于创新是他的前进步伐

在这十多年试验检测工作中，王建群虽然取得了不少成绩，但是他并没有因为成绩而停滞不前。沉下去、会思考、善钻研，是王建群对于试验检测工作的一种态度。

王建群充分利用空余时间，参加了高等教育自学考试，浙江省公路水运工程基桩检测（底应变反射波法、超声波法）和《实验室资质认定评审准则》等试验检测考试和培训，先后通过多项试验岗位资格，取得公路工程检测工程师证书。

2006年，衢州质监站对黄衢南高速阳排尖隧道长大管棚施工成立了科研攻关小组。王建群作为项目小组成员,负责试验检测现场开展试验检测工作,掌握施工质量的第一手资料,检测结果任务完成后,对检测数据进行了分析整理以及研究报告的编写讨论工作。2008年研究成果《长大管棚在软弱围岩地层的运用研究》,经专家鉴定,达到国内领先水平,2013年获浙江省公路学会科学技术三等奖。该研究成果不仅解决了隧道长大管棚的施工技术难题,而且使大管棚长达60多米,给管棚长度设计提供了一定的自由空间,检测手段先进可靠,具有很大的推广和应用价值。

他撰写的《高速公路路基压实度的检测与控制》论文,2009年5月在《城市建设》发表。该论文结合土工实践,对路基压实度与控制中的一些问题,做了分析和探讨。不仅对技术进行了总结,还提供同行在施工过程中参考借鉴。

> **最美手记:**
> 试验检测对于公路工程有着举足轻重的作用。所谓"让数据说话",形象地道出了试验监理工程师在工程监理过程中所承担的重要角色和关键作用。记者在王建群的身上,看到了那份厚重的责任和责任背后付出的艰辛。王建群,他代表着"70后"一代的交通试验检测人,他们兢兢业业,朴实无华。
>
> 记者 郑 薇

浙江百名最美交通人物

柯善刚，1976年出生，毕业于哈尔滨建筑大学交通土建专业，从事过交通监理、设计、质监、检测工作。现任台州市交通工程试验检测中心有限公司副总经理。

2013年被台州市交通运输局评为"优秀检测工程师"称号。2014年，被评为全省交通运输行业百名最美人物之一。

柯善刚：成功男人背后的故事

"能力好、风度好、服务好、口碑好！"这是台州市交通工程试验检测中心有限公司总经理陈合德对他的忠实评价；

"他不是风风火火的人，而是一个脚踏实地，浑身都是宝的人。"台州市交通工程质量安全监督站站长郭义飞整整列了5大方面无数条他的优点；

"我作为新人能和柯总一起共事，在他的身上，学到的不仅仅是专业知识，更多的是对工作的热忱，我感到非常荣幸。"这是单位新同事对他由衷的敬佩。

成功有三动：多动嘴、多动脑、多动身

柯善刚1998年毕业于哈尔滨建筑大学，来到了浙江省交通设计院，成为一名交通人。作为刚出茅庐的"毛头小子"，他深深地知道要想专业知识得到最大的发挥，能够获得更多的实践经验，就得有三动：多动嘴、多动脑、多动身。这也为他之后响当当的外号"鹰眼"打下了基础。

在刚参加工作的第一年，柯善刚就得到了一次难忘的实践经验。遂昌地处丽水市，多山是这座小县城的特点。"当时要开隧道并不像现在这么简单，可以利用GPS定位，而是要我们在山的两头同时进行勘测。"说到这次的经历，柯善刚记忆犹新。20世纪90年代的科技、交通并不像如今，在狭窄的山路上进行隧道勘测是对这名高等学府的高材生是个考验。"当时真的知道怎么'开路'了，我们走在山头，拿着镰刀，一边砍山上的杂草，一边'开辟'

出隧道顶上的道路。这对于刚毕业的我来说,真的是一个很宝贵的经验,既辛苦又新鲜。"

就这样,年轻的柯善刚在省交通设计院老前辈指导下,接触了各类检测工作,更加深入的理论知识,加上越来越多的实践经验,让柯善刚进步飞速。之后,他回到了自己的家乡——台州,运用一技之长,为家乡交通事业出一份力。

柯善刚在同事中有个响当当的外号——"鹰眼",说起这个外号,可是大有来头。因为喜欢在实践中进行总结,柯善刚总是会对各式各样的工程问题进行分析,并牢牢记在心中。在多年前的一次检查中,他在检测组拍摄回来的照片中发现了桥梁裂缝,仅仅面对照片,他就研究了一个晚上,最后认为这条裂缝是因为桥梁已经达到称重的极限了。第二天一早,他就带人奔赴现场进行详细检测,最终及时排除了安全隐患,保障了该桥梁的通行安全。

椒江二桥的建设,牵动着全台州人的心,也牵动着台州质监人的心。椒江二桥的塔顶有200多米,每一个塔顶,柯善刚都"爬"过。以至于之后柯善刚一直笑称自己是"攀岩高手"。

每年的6~7月份,是气温最高的时候,钢箱梁的箱体内部温度常常高达五六十摄氏度。"每天都检查,一检查时间比较久,白天的时候身体根本吃不消。所以我们将工作时间改在了凌晨3点多。凌晨3点到上午,天气凉爽一点的时候,也就是我们工作的时候。"也正是这帮"夜猫子",为台州又添一座"精品工程"。

还有一次,有个客户向公司反映,钢绞线强度拉伸试验数据与其他检测机构检测数据出入较大。接到客户投诉后,他马上召集相关检测人员,讨论分析,最后确认由于钢绞线试验夹具存在问题,存在滑丝现象,及时通知客户,收回检测报告,对夹具进行了改造,重新取样进行了检测。

类似的事情还很多,2012年,作为"老人"的他带领了一半都是新人的团队,开始了每年都需要完成的20个交竣工检测项目的工作,不仅要教会新人如何做好检测工作,还要保质保量地完成任务。这在外人眼里,是一份既不简单,压力又大的工作,但是他却坚持了下来。

柯善刚在工程现场

"我们跟着老柯,他会毫不保留地教我们专业知识,带我们去现场,亲力亲为。看着他工作那么努力,我们以他以榜样。"柯善刚用自己的努力感染着身边的同事:"只有给自己压力,以身作则,全身心投入,身边的人才能跟着你的脚步走下去。"短短的3年,这支团队从零默契,到之后成为台州市的精品检测队,这与柯善刚的努力和毫不保留有着分不开的关系。

成功是用双脚"跑"出来的

台州作为沿海城市,近海有12个岛群691个岛屿,为了改善岛上人的生活,陆岛码头的建设成为了台州近年来的工作重心之一。这无疑也是柯善刚检测生涯的重中之重。

2009年到2010年期间,柯善刚到省质监局挂职。在这一年里,他几乎走遍了舟山的所有岛屿,这为他对台州岛屿的交通建设,提供了丰富的经验。

"有些岛和大陆之间没有开通航线,交通很不方便。"柯善刚跟记者这样描述的岛上的不便生活,"我们很多时候进岛连船都没有。"

路桥白沙码头到大陈岛航线,是内陆和岛屿的连接线。建设码头的时候,船只想要出海就得开闸。在施工的一年多时间里,柯善刚每天上午开闸前到金清闸开始检查,直到放闸才出来,无论刮风下雨,一直如此。

温岭的三蒜岛,没有开发,岛上施工基础设施全无。没有码头,也没有客船会经过,要想上岛,柯善刚一行人只能租船进去。"没有码头,我们只能找临时停靠点,上岸基本靠'跳'。"柯善刚开着玩笑说,有一次7月台风刚过,需要去岛上进行质量鉴定,本以为和以往一样,候潮后"跳"上岸就行了,没想到遇到巨大的风浪。租来的小船被浪打得前摇后摆,一个浪过来,船上所有的人衣服都湿了,大家都说,在船上洗了个"海水浴"。

头门港建设,不仅仅是台州人民梦的开始,也是浙江省乃至全国的焦点。而头门港大桥的建设作为"点睛之笔",从开建到完成,自然也是非常重要。

柯善刚在检查过程中发现了大桥浇筑好的混凝土有许多裂缝,多年的经验告诉他这是因为施工单位不了解岛上的气候,养护不到位所导致。为了工程质量和工程的进度,他立刻对裂缝进行调查,对长、宽、高度等各方面进行取样检测,并请了相关专家进行认证,证实这是因为养护不当而引起的混凝土裂缝。随即展开补救措施,终于在保证工程质量的前提下,如期完成了大桥建设。

成功的背后有着多重身份

每个成功的男人背后，都有一名支持他的妻子。柯善刚家也是。在家里，老婆是主力军，把家里收拾得井井有条。儿子从小到大的生活学习，妻子也没有让柯善刚有一点牵挂。

说到儿子，柯善刚脸上带有自豪。因为工作的原因，柯善刚不能时刻陪伴在孩子身边，有时候周末"家庭日"，也没办法与儿子一起像别的家庭一样出去踏青；晚上回家，也没办法指导儿子的学习。但是每每问起9岁的儿子长大后想成为一个什么样的人的时候，他总是会说："我要像爸爸一样造大桥！"

一个尽职的男人，身上自然"背"着许多身份。2015年，他被调任台州纵横公路建设养护有限公司总经理一职，相信他的全新人生征程中，又将增添一道亮丽的风景。

最美手记：

在夏日的一个傍晚，终于见到了柯善刚。他和我见过的成功人士一样，自信且专业。但是在采访过程中，却看到了他的谦虚。听着他的故事，不仅仅是让人感觉只是在听一个故事，更多的是让我有了感触，一位成功人士，并不是单靠一方面，而是各方面的积累：扎实的基础，不断的创新，自信中不乏谦虚，这样的人才正是我们交通行业所需要的。

作者　薛丁菲

浙江百名最美交通人物

陈厚德，1982年出生，2005年毕业后被推荐到浙江省交通规划设计研究院中心试验室从事试验检测和桥隧病害调查工作。因检测业绩突出，2007年到舟山市交通工程质量监督局检测中心担任试验室主任一职。

2008年，他获"浙江省质量监督知识竞赛"特等奖；2009年，获浙江省公路水运工程试验检测专项治理工作先进个人；2010年获全省交通系统试验检测知识竞赛荣获一等奖；2014年，被评为全省交通运输行业百名最美人物之一。

陈厚德：平凡路上的酸甜苦辣

他是普通的交通工程质量检测人，也是无数人心中"最美"的人。爬桥跨岛，下海入隧。走在时代的潮流中，走进工程的核心处。入行十年来，凭借着对检测行业的无比热诚，他以一种甘之如饴的心情，尝尽了检测工作的各种酸甜苦辣，成为这个行业当之无愧的佼佼者。他就是——陈厚德。

酸：曾被误解是"关系户"

陈厚德出生在温州的一个农村里，爷爷和父亲都是老党员。从小，父辈踏踏实实做事、老老实实做人的行事风格，对他有着潜移默化的影响。2005年6月，陈厚德从浙江交通职业技术学院毕业。由于在学校里成绩优异，被学校书记推荐到浙江省交通规划设计研究院工作，主要从事试验检测和桥隧病害调查。那个时候，浙江省桥梁检测刚刚起步，很多经验都靠自己摸索出来。陈厚德在单位里的土工室、材料组、力学组、外检组，每个组都轮训过来，大约两年的时间，他积累了丰富的理论知识和实践经验，在同事眼里成为"全才"。

2007年6月份，他被调到舟山市交通工程质量监督局检测中心工作，从事全市的公路水运工程试验检测工作，开启了他全新的人生征程。"刚来的时候，很多人都觉得我是托了什么关系进来的，因为毕竟只来了我一个人"。初到新单位，不少同事都戴上了"有色眼镜",给陈厚德打上了"关系户"的标签。陈厚德没有解释什么,"以能力证明一切"。他知道,要想让同事瞧得起自己,得靠真本事。刚到舟山,陈厚德可以选择留在单位里上班,上、下班时间固定,相对安逸;还有一个选择就是下工地,到现场。那时候舟山大陆连岛工程前期准备工作已经完成,现场工作正在紧锣密鼓地展开,工程中心试验室正是需要人手的时候。"我是为了这个项目来的。"陈厚德二话不说选择后者,上班第一天便去了工程前线,配合连岛大桥质检科,专门从事连岛大桥工程的各方面原材料质量抽检和现场实体检测任务。

既然选择了远方,便只顾风雨兼程。这一去,就在工地待了三年。这三年的时间,陈厚德埋头苦干,环境再差没听他抱怨过,检测过程再复杂,没见他失手……陈厚德的工作态度被同事们看在眼里,记在心里。大家开始觉得"这个小伙子还真有两把刷子"。2008年,陈厚德来到舟山交通工程质量监督局检测中心的第二年,被升为试验室副主任。

甜:每一个项目收获都很大

今年是陈厚德工作的第10个年头,用他自己的话说,这10年,是一个节点,这过程让他历练成长。十年如一日,这不仅仅是一个说辞,而是他扎扎实实每天生活的真实写照。10年的交通检测生活,陈厚德先后从事过试验检测、桥隧病害调查、公路水运工程试验检测等工作。他参加过的检测项目大大小小不胜枚举:

浙江舟山大陆连岛工程、舟山市北向疏港公路工程、嵊山—枸杞三礁江跨海大桥工程、舟山市329国道与73省道立交工程、金塘大浦口集装箱码头工程、浙江舟山武港矿石码头工程、舟山群岛国际邮轮码头工程、舟山市沈家门中心渔港二期工程、嵊泗中心渔港(新港区)扩建工程、定海小沙至白泉公路工程Ⅱ标、金塘沥港欣港路至西堠公路、朱家尖观音大桥、舟山市金塘沥港互通接线工程等等。他说,每一个项目都是苦中有乐,乐中有甜。

"每个项目做下来,收获都很大。经验、知识有很多,自己学到的什么东西,我都会一笔一笔记下来。"在陈厚德的桌子上有一本并不显眼的厚笔记本,泛黄的封皮看起来有些日子了。从2008年开始,他有了记笔记的习惯,会议记录,经验总结,一笔一笔记载进去,如今,7年过去了,本子换了一个又一个。"因为我们单位要轮岗,很多工作长时间不去接触难免会生疏,这时候翻翻笔记,就好了。" 一本一本的笔记就像是对过往岁月的吟唱,里面有时间的芳香,更有蜕变的喜悦。

"父母一开始并不同意我做这个工作,因为觉得我身体薄弱,受不了那么大的工作强度。"陈厚德介绍,他在家里是小儿子,上面有一个大哥,自己从小在各种疼爱中长大。父母知道儿子要下工地,爬桥进隧,风险性很大,那是几百个不愿意。于父母而言,还有什么能比孩子的安全更重要呢?可是陈厚德毅然决定,坚持自己工程师的梦想,深入现场,成为检测队伍中的一员。此后工作中的苦不言而喻,特别是2007年到2009年,舟山连岛大桥工程进行中,陈厚德每天以桥为伴,以海为邻。住在桥下的指挥部,吃着简单的工作餐,去施工现场取样,带回工地检测,日出而作,日落而归,俨然成为工程建设的最好见证者。"这座大桥49公里,册子岛起点,正海终点,三年的时间每一个角落我都到过,到现在,每一个桩号我都记得。"说到这,陈厚德满脸笑容,像个孩子。

苦:夏日骄阳灼背 冬日寒风刺骨

对于检测人来说,天气似乎是他们难以逃避的天敌。夏日骄阳灼背,冬日寒风刺骨,这已经是他们的工作常态了。

"夏天进行路面沥青检测,路面温度有时候会达到四五十度。"由于工作需要,陈厚德和同事们经常忙碌在室外。"单位做沥青的就我一个人,有一部分同事排斥,因为它的味道实在太刺鼻了,还有就是配料比比较难学。还好在设计院的时候,我师傅在这方面是专家,我也学到了不少东西……"头顶烈日,脚下是滚烫的沥青路面,热气不断向上翻滚,整个人像是处在一个大蒸笼里。凭着不怕吃苦的一股子劲儿和深厚的知识底蕴,陈厚德独自扛起了沥青检测的大旗。

相比较夏天的炎热,冬季的寒冷更是一个巨大的挑战。西堠门大桥是舟山大陆连岛工程5座大桥中的第4座大桥,主桥为两跨连续钢箱梁悬索桥,是中国第一、世界第二,其中钢箱梁全长2221米,为目前世界第一长钢箱梁。

大桥连接金塘岛和册子岛,两座岛之间形成了一个"葫芦口",风浪很大,桥下就是冰冷的海水。2008年底,这座大桥桥面工作已经完成,桥的两侧护栏还没有安装。2000多米的路程,工程车不能开过去,也没有交通船,人就只能徒步走过。"船老大好当,西堠门难过。"这是流传在舟山的一句歌谣。舟山是台风多发区,西堠门大桥位于受台风影响频繁的海域。多变的气候、复杂的水流,就连有着多年海上运输经验的船老大都敬畏三分。

那时候,陈厚德只有55公斤体重,走在桥上,整个人都有被吹走的感觉。不过他自有办法,"每次出去,我都会多拿设备,这样体重增加,我也就不会担心被吹走了。"他笑着说,像是在讲述别人的故事,"海上的冬天真的很冷,我们一早出去,要下午才能回来,海风吹得刺骨的疼"。拿着沉重的检测工具走在没有防护栏的桥面上,从交通船跳到桥墩上,爬上距离海面210米高的金塘大桥的顶端做混凝土强度检测……这些危险动作,陈厚德重复了三年,直到2009年底连岛大桥通车。

辣:教下属处理棘手状况

在工作中,他是一个特别严谨认真的人。面对每一次检测,他总会细致地对每一个原材料、半成品及成品进行定期不定期的抽检。对于不合格的材料,及时通知业主进行处理,杜绝了不合格原材料、半成品在工程中的使用。对事如此,对下属亦然。

作为一名老试验人员、试验室主任,他还肩负着做好"传帮带",带好一班人的职责。一个团队就像是一个部队,每个团员都是子弟兵,要好好培养,这样才能在需要的时候直接上战场。陈厚德用自己的努力感染着身边的每一个人。

他经常深入现场,急现场之所急,想现场之所想,以自己的言行影响着身边的同事。"在工作中,我对事不对人,私下我还会继续进行沟通、落实。"由于他在工作上严格要求,无私奉献,常常把自己工作中的一些心得经验毫无保留地传授给年轻的同志,帮助他们提高业务水平,促进了试验室整体水平的提高。

陈厚德是个货真价实的"理工男",工作踏踏实实,一步一个脚印。可是脱下工作服,换上自己的装备,运动场上的他依旧璀璨。"生活中的我比较活跃,各种球类根本难不了我。"在单位的运动会上,陈厚德是个名副其实的"百搭手",哪里缺选手,他就可以去哪里。在2012年10月参加全省交通质监系统运动会时,他代表舟山市交通工程质量监督局荣获羽毛球团体比赛第三名。

10年的工作生涯,陈厚德以一颗赤子之心对待每一项工作,完成了一次又一次的挑战,为保障全省交通工程质

陈厚德在实验室做检测工作

量安全贡献出了宝贵的力量，赢得了各方的一致认可。说起对今后的规划憧憬，这个老实人摸摸头，认真思索了许久："我不会制订遥远的目标，做好本职工作是我目前、以后要做的最大的事。"

最美手记：

整个采访下来，陈厚德给我最深的感觉就是：亲切。温厚儒雅的性格中，不难看出其中的韧劲儿。他告诉我自己的工作理念很简单：做。"多余的话我不会说，我更喜欢用行动表示。"工作中的种种压力成为他奋进的动力，通过一次又一次的沉淀，陈厚德慢慢成长为舟山市交通工程质量监督局的领袖人物。

记者 董雨函

第二篇

开拓进取的质监先锋

攀最高的桥塔,跨最悬的边缘,钻最矮的桥洞。他们把足迹印在了浙江交通跨越式发展的壮美诗篇上。平日里,他们刻苦、钻研、踏实却又不张扬,然一旦涉及到质量安全问题,就绝对没有商量的余地。他们把责任扛在肩上,把担当放在心上,他们是浙江交通质监行业十大最美质监人。

开拓进取的质监先锋

黄康定，1976年出生，高级工程师，历任施工管理、工程监理和项目建设管理等职，2005年起从事交通质监工作，现任嘉兴市交通工程质量安全监督站监督科科长。

十余年来，他连年被单位评为先进工作者。2008年，他参加全省交通质监知识竞赛，获得特等奖；2013年，他被嘉兴市交通运输局评为年度先进个人。此外，他在省级以上刊物先后发表过多篇论文，参与编写浙江省地方标准1部。2014年，他被评为浙江交通质监行业十大最美质监人。

黄康定："多面手"的实干人生

黝黑、精瘦、朴实……在黄康定的身上，有着许多"最美质监人"的印记。6年的施工管理、工程监理、项目建设管理的工作经历，10年的交通质监前线历练，黄康定已然从一个"毛头小子"成长为嘉兴交通质监系统的"中坚力量"。作为兼管质量、安全、监理、合同、检测五大职能的"多面手"监督科科长，他身上的担子重千斤，但在他小小的身体里，总能爆发出令人晕眩的强大能量。

工作环境的三个"最"

6月4日，记者跟随黄康定一行，来到跨杭平申航道上的嘉海公路桥施工现场。这是嘉兴交通质监站在建工程执法大检查中的重要一站。

"钢筋的间距符合要求，焊缝长度也达到标准，总体还不错。"黄康定一边用钢卷尺仔细测量着，一边交代项目经理，"桥梁构件混凝土有个别气孔、麻面，虽属合格范围内的缺陷，但平时也要注意做好养护工作……"

"最高的桥塔他会去攀，最悬的边缘他会去跨，最矮的桥洞他会去钻。"同事们说，黄康定可以说是站里跑现场最多的人了，365天至少有200天在路上。

从事质监工作十年间，黄康定参与了杭州湾跨海大桥、嘉绍大桥、杭浦高速公路、申

品质力量 最美诠释

黄康定（蹲者）在工地检查

嘉湖高速公路等7条近300公里的高速公路和07省道、08省道、嘉兴至海盐南北湖公路等近100项公路工程的质量监督，还参与了乍浦港二期、嘉兴内河集装箱码头、湖嘉申航道、杭平申航道等近20项大中型水运工程项目的质量监督。

"不得不提的是对杭州湾跨海大桥的检测。"黄康定回忆，"大桥承台、墩身的检测受潮汐影响很大，有时凌晨四五点潮水来之前就要出海，否则一天的工作就无法完成，又要等下一个潮水。从乍浦码头开船到桥墩，要40分钟。为了能早点出海，那时候我们干脆住在了大桥边。"

杭州湾大桥有号称"亚洲梁王"，重达2100多吨的70米预制箱梁，每个检测数据必须真实反映施工的质量水平，由不得半点马虎。在建的大桥无护栏，为了采集到每一个数据，黄康定有时候要跨过最悬的边缘，在那惊涛骇浪的海上徒步检查海中几十公里长的桥梁。"怕吗？"记者不禁问道。"我从小在海边长大，会游泳，不怕！"黄康定笑道。

从基础承台到斜拉桥塔顶，从桥面铺装到箱梁内部，测量上下高差200多米，又要忍受晕船的痛苦，整整两年半，黄康定为这个世界级工程的顺利完成留下了自己坚实的"脚印"。

嘉兴桥梁众多，几乎每公里就有一座桥梁。"有些不知名的小桥梁很矮，桥洞只有茶几那么高。"黄康定向记者比划，"检查时，只能蹲着进去，桥洞里总有稻草，蜘蛛网，蚊子……手上还经常会被尖尖的刺划伤。不过，已经习惯了。"

"火眼金睛"的一只"虎"

监督工作出去检查时，除了现场检查，还有一块内容就是内业资料的检查。

"黄科看资料是出了名的一把好手，有漏报的、虚假的台账，黄科一眼就能看出来。"刘学跟了黄康定三年，对这位科长佩服得五体投地。

记者了解到，一项工程从设计到竣工验收，包含抽检、试验、施工原始记录、质量评定等10多项监理和施工台账，光施工单位的安全资料就有12类，全部加起来可以有上百本之多。由于是全过程监管,多年的经验练就了黄康定的"火眼金睛",每次这些资料的规范与否都逃不出他的"法眼"。

不少施工单位的负责人都说过,在嘉兴做交通工程可不好糊弄,因为嘉兴交通质监站有只"老虎",他对质量的监管已经到了极其严苛的程度。

有一次,嘉兴某段路进行路面大中修。黄康定去现场时,沥青路面已经摊铺了400米。黄康定在检查时发现,沥青的温度超过了200℃,而按照规定,沥青超过190℃就属于废弃沥青。黄康定当场要求施工单位全部铣刨返工,重新摊铺沥青。"重新返工的话,起码损失十几万啊。"施工单位还想求求情,但被黄康定严词拒绝:"用温度过高的沥青,一个月两个月可能是没问题,但是一年两年后肯定会出现问题。现在的小损失是为了以后不酿成更大的损失!"最终,施工单位按规定照做。

黄康定(左1)作为嘉兴交通质监站的"老虎",对质量的监管到了严苛的程度

跑工程10多年,因为黄康定的苛刻,说不清"得罪"了多少人,但是他觉得这一切都值得。平时,黄康定会和工程的钢筋工、砼振捣工、压路机手等一线工人和有关技术人员进行交流和探讨,分析一些质量病害产生的原因,宣传质量管理的要求,提出切实有效的措施。现在,黄康定也结交了不少项目上的朋友,而且很多都是"不打不相识"。

推行中间质量检测制度的奠基者

2005年,早在全省还未全面推行中间质量检测之前,嘉兴交通质监站就已率全省之先,实行了中间过程的质量检测。

那时候,黄康定作为现场检测负责人,带领检测队对杭州湾跨海大桥、杭浦高速公路、申嘉湖高速公路、杭州湾大桥北接线工程等高速公路项目进行多轮的中间质量检测。"最多的时候,同时要检测33个标段,经常是天不亮起床,天黑了才回家,每天十几个小时的高强度工作。"黄康定告诉记者,那段岁月,真是记忆犹新。

随后,黄康定和他的小组成员对采集到的大量检测数据及时进行了汇总分析,最终形成《中间质量检测情况分析报告》,并在全省进行了交流,为第二年浙江全面推行中间质量检测制度奠定了坚实基础。

据了解,这一制度自实施以来,为公平、公正、客观、科学地开展质量检测、鉴定工作,提供了强有力的依托。质量检测结果为交通主管部门及相关参建单位,提供了决策和参考的依据,有力地促进了施工现场质量控制水平,极大地提高了工程参建单位的质量管理意识。

值得一提的是,2008年,经时任质监科科长(现嘉兴交通质监站站长)杨惠德授意,黄康定负责起草了该站首份质量分析报告,这也是浙江省首份质量分析报告,给相关部门和领导提供了重要的决策和参考。

是导师也是大哥

2012年,嘉兴质监部门在全省率先对监督资源进行了整合,建立了监督科,以取代原来的质量监督科、安全监督科、检测科等科室职能。一个科室,整合站里几大重要职能,"活多、压力重、责任大,这个科长不好当啊。"这是大家公认的评价。

黄康定没想那么多,他说,既然组织上需要他做,他就一定要把它做好。

"现场检查时,黄康定总是冲在最前面。有些工程地势险要,我们都在犹豫要不下去,黄康定却总是二话不说就第一个去了。"同事刘学告诉记者,黄康定的力量是"榜样式"的,他不会刻意去叫别人做什么,但其严谨细致的作风,已潜移默化被大家所感受、所学习。

多年来,黄康定的言传身教,为质监站培养了一批又一批的人才,也有徒弟"青出于蓝"。肖葳是嘉兴交通质监站的副站长,现在分管监督科。其实,2009年,肖葳刚进单位时,也是黄康定的"徒弟",跟着黄康定在一线摸爬滚打后,走上了现在的领导岗位。

监督科一共6个人,除了黄康定,其他都是不到30岁的年轻人。"年轻人可塑性很强,直接领导很重要。"站长杨惠德说,站里新进的员工,都会先去监督科锻炼一番,再到其他科室,就更容易上手。

"小吴,最近找女朋友了吗?"1989年出生的吴俣是河南人,来监督科已经一年,黄康定对这个外地小伙子特别关心。

别看在工作上异常严谨苛刻的黄康定,在生活中却是一名热心温和的"老大哥"。监督科成员有5个外地人,一到周末,黄康定就会带着大家出去转转,一起聊聊家常。"团队的凝聚力,很重要。"黄康定说。

最美手记：

黄康定是个腼腆的人，但一问到工作上的细节，他总能打开话匣子。自从担任了监督科的科长后，质量和安全，像两座"大山"，无时无刻不压在黄康定的身上。他的苛刻与严格，正是对生命和他人的负责。黄康定说，他已经习惯了这种提心吊胆、风雨奔波的日子，他会继续让自己的技术和经验发挥所长，这可能就是缘分吧。

记者　陈　惠

开拓进取的质监先锋

方剑，1980年出生，2002年毕业后在金华交通建设工程质量监督站工作，先后从事过试验检测、检测管理、质量监督和安全监管等工作。目前，在金华市汤溪镇挂职任副书记。

他先后获全省交通质监系统优秀共产党员、浙江省高速公路沥青路面"五八工程"先进个人、浙江省农村公路工作先进个人、浙江省交通运输行业爱岗敬业模范个人等荣誉称号。2014年，他被评为浙江交通质监行业十大最美质监人。

方剑："剑"走江湖

江湖是什么？是刀光剑影，还是侠骨柔情，抑或兼而有之。每个人的心目中都有属于自己的一个江湖，那里有他们追逐的梦想。在方剑的心里，金华的交通建设就是一个江湖，而他则怀揣着他的"利剑"，行走在他心中的"江湖"上。

剑魂：公正的态度是基本原则

在炎炎烈日下，机声隆隆、人声鼎沸的沥青路面铺筑现场，在磐安夹溪特大桥90余米高的超高墩柱钢筋绑扎现场，在阴暗潮湿、空气混浊的隧道开挖作业面，你总能见到一位风尘仆仆、步履匆匆的小伙子，他头戴安全帽，衣着俭朴，穿行于工地的每一个角落，风雨无阻，从不懈怠。他就是已经在交通质监行业从业13年的方剑。

他似乎是江湖上的"剑侠"，见证着十几年来金华的变迁；又如同一场比武大会上的"裁判"，用自己的专业判断着一个个工程质量是否过关。所以，在他执"剑"走江湖的路上，"公正"二字被他放在了最重要的位置。

"我们作为交通质监人员，身体辛苦点什么的都没关系，但是为了确保工程质量，就一定要在施工过程中严管。做到严管，最关键的就是要协调好各方的关系。其实，一个工程中，参建各方的大目标是一致的，就是要建成竣工通车，但是小目标又各有不同。业主可能很关注进度，施工企业可能关注利润，我们质监人员，最主要关注的就是质量与安全。所以，为了确保质量和安全，做出一个比较高水准的工程，就需要我们跟参建各方做好沟通，树立起他们的'新'目标。比如，我们要告诉施工单位，你们在这里做一个工程，除了追求利润外，也要在当地树立起品牌和形象的。当然一切工作的前提，就是执法要客观、公正，我们也会尊重参建的各方。"在方剑负责监督的60余个项目里，他是这么说的，也是这么做的。

这些年，经他监督的项目投资约120亿元，对每一个受监项目，他都客观公正地评定工程项目的质量等级，实事求是地进行质量评分，对存在的缺陷，分析原因，提出整改和完善措施，把住工程质量的最后一关。实现了建设工程内优外美的质量目标。

剑招：铆足力量 全力"出剑"

近年来，全省各地交通建设高潮迭起，然而地方的监督力量却严重不足。2008年前后，方剑所在的金华市交通局质监站一共有6名工作人员，面临着工程量大、质监人员严重不足的情况。"安全、检测、质量监督的责任都在我身上。常常是1个月中，有20天以上都在出差。出差从工地回来后，还要加班写抽查意见通知书。"方剑说道。

事实上，越是秀美壮观的大桥，施工以及监督的难度也就越大。位于金华磐安境内的夹溪特大桥就是这样一座桥梁。这座桥建成以后，的确给磐安与新昌的民生与经济发展带来好处。来往的驾乘人员也会用"一桥飞架南北"这样的词来形容这一座桥墩高达94米、桥面距离峡谷沟底163米的桥梁。

而在夹溪大桥建设过程中，为了检查混凝土质量，方剑就必须要自己爬下落差约100米的边坡。有时从峡谷的这一头走到那一头，就要花半天时间。

"那么费时间，一定要自己爬下去吗？"记者忍不住问道。"是的，因为桥做在陡峭的岩面上，我们要防止石块破碎撞到立柱，所以一定要自己亲自去看。"方剑直言，"抓质量，首先要抓好源头，关键环节、关键工艺、关键部位的质量控制。我们的执法不能仅凭感觉，还是要以数据说话，这样我们说的话也能让人信服。另外及时下发抽查意见通知书，并随时进行跟踪回访，才能保证工程质量。"

2008年以来，方剑深入项目施工现场监督检查600余次，下发监督抽查意见通知书400余份，组织完成项目交工质量检测或竣工质量鉴定100多个，真的是"蛮拼的"。

方剑（右1）在现场边检查边记录

剑风：出其不意 用足巧力

盛吉崇是方剑在金华市交通质监站的同事。在他看来，方剑在工作中最大的特色就是："会干事，干得了事，并且很有办法。"

"前一阵子，我们白天刚从一个施工工地回来，方站长又跟我们说晚上要去突击检查东阳的一个隧道。他说，因为隧道里钢拱架这样的隐蔽工程比较多，等到后期喷射混凝土后就看不到也检查不了了。所以我们要晚上去'突击'一下，看看施工方有没有按设计要求施工。"盛吉崇告诉记者，"突击"检查结束后，方剑回单位立刻写了意见通报，不仅对于这座隧道的施工起到了监管作用，对于金华市其他在建的隧道工程也起了很好的"威慑"作用。

除了出其不意检查外，方剑还善于用各种"会议"来提升相关的建设水平。比如，他每年会组织对沥青用料矿点进行专项抽查，把好施工工艺控制关，对各沥青拌和楼进行专项督查。通过培育并抓好示范工程，在2009年7月召开了"金华市沥青路面施工质量管理现场会"，以点带面，促进全市在建项目沥青路面质量的提高。

此外，他还会组织参建单位互学互看，比如带队赴黄衢南B3标参观学习小箱梁预制工艺技术。2015年开始，他还开始推动全市的交通质监监督理会，与会人员包括金华市交通质监站相关科室、各工程指挥部的人员。每次轮流到一个地方去参观、交流，一方面让各个在建工程有了横向比较，另一方面，弥补了平时监督中的一些不足。

交通人的侠骨柔情

在看武侠电影时，我们常常只看到俊男靓女，行侠仗义，自由地行走江湖。然而，在真实的世界中，80后的方剑却要承担着更多的家庭的责任。

尽管采访中，他一直强调："工作再怎么累也都觉得不算辛苦。"但是回忆起在2009年6月，初为人父时，他还是觉得有点小遗憾——因为工作太忙，没有能帮得上妻子太多忙。所以，只要他不出差，晚上和妻儿睡一起时，他就变身成了"全职奶爸"。

"孩子是6月1日生的，1岁之前的孩子只会'嗯嗯啊啊'不会说话。有时晚上可能哪里不舒服了又不会说，只能在那里哭。老婆喂奶已经很辛苦了。所以孩子一哭，我就会负责抱着他在家里走来走去，一走就是一小时。"

　　记者问："你白天经常在一线跑来跑去，晚上又要带孩子，不会太辛苦吗？"方剑笑了："如果真说不累，也不太可能。不过，这也是一个男人应该承担的责任。不是吗？"这时，他仿佛有过非凡经历的江湖大侠般，豁达却又释然。

最美手记：

　　方剑很爽直，爽直到他有时候怀疑自己会不会因为说话"太直接"而影响到工作；方剑有时也很"憨"，为了让百姓出行走得放心，他在抓工程质量源头方面一点都不马虎，有时甚至不怕得罪"权贵"。他的最美，渗透在他与生俱来的"剑侠精神"中。"侠之大者，为国为民"，这是金庸在《射雕英雄传》中提到的。用这句话形容"方剑"这些新时期"修桥铺路、行善积德"的幕后英雄，再合适不过。

作者　陈　佳

开拓进取的质监先锋

阮彩霞，1977年出生，1999年毕业后进入台州市交通工程质量安全监督站，2009年底获高级工程师职务资格，现任台州市交通工程质量安全监督站站长助理。

2013年，她当选台州"最美交通人"之一。2014年，她被评为浙江交通质监行业十大最美质监人。

阮彩霞：铿锵玫瑰静静绽放

她没有惊天动地的丰功伟绩，只是默默地奉献于钟情的交通事业。作为当代女性，她阳刚与阴柔兼具，不弃不馁无惧无畏；作为当代交通人，她时刻严格要求自己，心系交通情系路。正是这份坚定的信念，指引着她人生前进的方向。

把责任扛在肩上 把担当放在心上

当记者见到阮彩霞时，她正坐在办公室的电脑前认真翻阅资料。她的同事告诉记者，就在一个月前，阮彩霞的第二个孩子刚刚出生，她刚出月子没几天。当记者问她为何在这个时候决定生第二胎的时候。她满怀幸福地说，她把上半辈子时间和精力都给了工作，想把自己下半辈子的时间和精力分一点给家庭，做到家庭和工作兼顾。

造价管理，是台州交通工程质量安全监督站的重要职能之一，近10年来，台州交通事业飞速发展，质量监督和造价管理工作的强度和力度逐年加大，全市交通工程建设项目的初步设计概算、投标控制价审核、设计变更费用预审查、调解造价纠纷等工作的重担，就压到了她的肩上。

想要做好这份工作并不容易，需要一股"拼"劲，更需要拿出一股"狠"劲。为了工作，阮彩霞忍痛放下了身为妻子和母亲的家庭责任，抛下了孩子的声声呼唤，一年365天，陪伴她的是堆积如山的文件资料、密密麻麻的日程安排。翻开厚厚的工作笔记，每年仅造价审查这一项工作就达100多项。换句话说，哪怕什么事都不干，每两天一个项目、甚至一天三个项目都是家常便饭。从清晨到深夜，从年头到年尾，甚至周末、除夕，都能看到她连续加班的身影。比如 2012 年，不包括其他工作，仅造价审查一项，就有近 100 项次。在这样的状况下，在她的时间表里，除了工作还是工作。

然而，作为一个女人，上有年老的父母，下有正在成长的幼儿，要做到家庭与工作兼顾，她付出了相当大的精力。她监管造价管理和资质管理，晚上加班、甚至把工作带回家是经常性的事情，工作到凌晨也是常有的事，在和记者的聊天中，每次提到她的大女儿，她都会不由自主地流露出内疚之情。她告诉记者，她的大女儿曾抱怨："我读幼儿园的时候，都是姥姥姥爷接送我，上小学以后，我就习惯了自己上下学。"

经历长期超负荷的工作，阮彩霞身上却很难找到急躁、抱怨的负面情绪。相反，身边人眼中的她，脸上永远挂着招牌式的微笑，从容、细致并热情。

一丝不苟 正直不阿

作为造价人员，阮彩霞经常需要处理经济纠纷事件，有时候甚至要花上几个月的时间去调解。为此，她总是针对各类问题，翻阅各类书籍，结合经验，提出自己的见解，为行业排忧解难。

2014 年初，经过深入调研，她全面系统地梳理了合同与造价管理所存在的问题和可能解决的方法后，先后以市交通运输局名义出台了《台州市交通运输局关于招标文件中部分地方材料价格调差的指导性意见》（台交〔2014〕5 号）和《台州市交通运输局关于进一步规范交通建设工程工程量清单预算有关事项的通知》（台交〔2014〕72 号）两个文件，在台州范围内全面推广地材调价和工程量清单预审制度，在源头上控制合同与造价方面的纠纷。

在争议面前，阮彩霞总会把合同精神和合同条款摆在第一位。在不违背合同的前提下，她才能根据工程实际，公平、公正地做出裁决。在椒江二桥长达两年多的施工建设过程中，施工单位与建设单位在有关合同与造价方面的纠纷比较多，台州市交通工程造价管理站造价科的电话，也因此成为椒江二桥建设指挥部负责合同的工作人员的热线。最多的时候，几乎一天一个电话咨询，她结合台州类似工程的经验，提出自己的见解。

工程实施过程中经常遇到涉及合同管理、造价管理等问题，阮彩霞秉着公平公正原则，提供咨询指导或出面协调解决。凭借亲切热忱的服务、严谨细致的作风和精湛的业务知识，她总能切中要害、对症下药，帮助各界排忧解难。每一个认识她的人，都会亲切地叫她一声"小

虽然是个女人，但是阮彩霞（左1）下工地咨询指导也是常事

阮"，这背后，既有感谢，又有赞许，更有钦佩。

展现阴柔之美 把细心融入工作

翻开一张张工程量清单预算审查台账，条目上无一不是动辄千万元甚至上亿元的重大项目，阮彩霞必须逐条逐项仔细审查。在她心目中，表格上每一个数字都是国家财产，容不得半点马虎。她告诉记者，如果不仔细看，忽略了就过去了，而这些都是国家的财产，必须认真、细心地对待。

而每一项市管交通工程，从招投标到最后竣工验收，阮彩霞必须做到全程服务。阮彩霞说，身为一名造价管理人员，她的职责是维护合同的严肃性，让工程项目的每个环节都做到科学、合理。从某种程度上说，造价管理能否把好关，关乎整个工程建设的成败。

2010年，76省道南延工程有一段涉及挖方。根据原定方案，标段根据地域划分，经过仔细审核、反复权衡，阮彩霞建议按照土石方重新划分，近20万土石方得到合理利用。这份看似无关紧要的坚持，既解决了施工难题，也为工程建设省了近1000万元资金。

"想人之所想，急人之所急。不在一线工作岗位，却有一线服务意识。"这是无数业主、施工单位对她的一致评价。按照规定，投标控制价必须在开标前7天公布，为了工程能够如期开标、顺利推进，阮彩霞通常会主动联系业主单位。凭借一双"火眼金睛"，细心的她将清单与图纸一项项校对，一旦在审查过程中发现纰漏，就会要求对方完善合同条款，务必精益求精。

在104国道新昌关岭至天台响堂段改建工程工程量清单预算审查过程中，阮彩霞仔细阅读并理解招标文件后，发现工程量清单预算编制错误百出，与招标文件的计价条款无法一一对应。在紧张的三天工作后，她要求建设单位推迟招标，代理单位重新编制工程量清单预算，仔细核对清单项目，并发长达3页的补遗书，造价从6亿元直减到5.5亿元，为国家节省资金5000万元左右。

阮彩霞内心的底气，来自无欲则刚的胸怀，更是对职责的敬畏。也正因为如此，每一个跟她接触过的人,都知道阮彩霞办事公道、廉洁奉公,任何复杂的问题到了她的手中,都会变得简单。

> **最美手记:**
> 　　身为女性,在交通工程质量监督的战场上,阮彩霞像男人一样"战斗";在家庭中,她承担着为人子女、为人妻母的角色。她谨慎细致、善于沟通、耐心坚韧。虽然她没有感天动地的事迹,偶尔也会面临着来自工作、家庭和自身的困难和压力,但是,理想和信念的力量、家人坚强的后盾、自身的平衡与解压,让这朵"铿锵玫瑰"始终坚守在自己的岗位,绽放出温柔的花朵。
>
> 作者　郑怡萱

开拓进取的质监先锋

傅菁俊，1983年出生，2007年参加交通质监工作，目前是杭州市交通质监局安全监督处监督工程师。在9年的质监工作中，他每年负责监督及参与监督的项目多达30多个，受监项目建设投资达100多亿，始终保持着"零亡人"的记录。

2009年到2012年，傅菁俊连续四年荣获杭州交通系统安全生产先进个人；2011年，他被杭州市团市委授予"交通系统青年岗位能手"称号；2013年，他获得杭州市交通质监局"优秀共产党员"称号；2014年，被评为浙江交通质监行业十大最美质监人之一。

傅菁俊：典型的80后"双鱼"

背道而驰的两条鱼，虽然方向相反却又互相牵制，看似渐行渐远却又殊途同归，这就是双鱼座的符号。1983年3月8日出生的傅菁俊就是这样一条典型的"双鱼"，游走在工作与家庭之间，面对着各种矛盾，在坚持与妥协之间不断坚强，奔跑在属于他的交通之路上。

现在，只要去工地检查安全工作，他必定会背上一个双肩包，装着一本法律法规汇编，一本安全技术规范，一个笔记本，一些监督检查意见书，一个水瓶。据了解，他每年参与发放的监督检查意见书超过了100份，提出整改要求超过了500条。他负责监督的项目始终保持"零亡人"，为杭州交通建设工程的安全平稳，做出了重要贡献。

阳光总在风雨后

阡陌纵横，炊烟袅袅，鸡犬相闻。这是存在于傅菁俊回忆里的金华磐安县史姆村，一个处在重重叠叠的山坳里、有300多户人家的山村。

父母在外打工，小时候的傅菁俊跟随爷爷奶奶长大，自然早早当家。他5岁时就开始上山捡柴火，种元胡、割稻子等农活也干得有模有样，他还要照顾小他两岁的妹妹，学着烧饭。

对于交通，年幼的他有着朦胧、纠结而又朴素的印象。过年时，他期盼着能够走亲戚，姨妈会给他准备红包和各种好吃的，然而过程的艰辛却让他叫苦不迭：要先翻过一座山，再乘渡轮。"一般早上6点出发，中午12点以后肚子饿得咕咕叫才能到。"傅菁俊回忆道。

再远一点，是对县城的向往。读小学时，因为学习成绩好，他经常跟随老师去县城参加比赛，那就意味着可以见到高楼、商店甚至菜市场等新鲜事物，可以跟着老师下馆子品尝美食。虽然要乘坐面包车在山里转1个多小时，却也不觉得很辛苦。

每逢暑假，妈妈会回来接他去工地。一上火车，他就麻利地钻到火车座位下，想到躺20多个小时就能见到爸爸，逼仄的空间也变得明亮起来。

"如果有人能把村里的路修一下，那就最好了。"这是年幼的他的朴素梦想，却总不被人理解。在美好的结果与痛苦的过程之间，他不断砥砺自己，最终沿着弯弯曲曲的山路，他冲出了大山，考上了浙江工业大学。

当"秀才"遇上了"兵"

傅菁俊在大学、研究生期间攻读的是材料学，与交通不搭边。但就是这个"门外汉"，2007年从800多人中"杀"出，考进杭州交通质监系统，成为单位里的一段传说。

毕竟所学与实际不同，单位安排他去320国道富阳段工程实习，他二话没说就去了工地，然而现实给了他"下马威"——拿到一张施工图，却两眼一抹黑，犹如看天书。7月的工地上，顶着毒辣辣的太阳，他跟在前辈身后爬上爬下，等晚上回到家，衣服上都是白花花的汗渍。

他只能白天走到哪问到哪，每天晚上学习到十一二点，犹如海绵一样飞速汲取知识。3个月后，他基本能独立工作。第一次独立工作时，却像"秀才"遇上了"兵"一样尴尬。他想要确认一名扎钢筋的工人是否经过安全教育，便上前询问："师傅，你好，请问怎么称呼？""关你什么事！"吼完，工人扔下工具转身走了。当时他就愣在当场，晚上也没睡好，"是我不够礼貌，还是说话方式不对，不够通俗？"纠结了一夜，他最终决定，在以后的工作中要更加文明礼貌，更加注重细节。"改变不了别人，那就改变自己。工作与学校不一样，要更加注重方法。"

一夜之间，他仿佛褪去了"书生气"，却又仿佛"书生气"更浓了。每到一个工地，他都会尽量步行检查施工方案与现场施工是否相符，特种设备是否经过检测，从业人员是否经过安全培训，临时用电是否符合要求……上午到，下午才走，在一个工地上一呆就是一天。冬天 $-4 \sim -3℃$，他会忍着刺骨的冰凉，徒手爬桥梁施工上下通道；夏天，他会钻进50℃的现浇箱梁里检查，闷热的环境让他汗流浃背、呼吸困难。常年在工地行走，每年要损坏两三双鞋。8年以来，傅菁俊手机几乎没有关过机，晚上睡觉时也不调成静音模式。

傅菁俊说，他有轻微的恐高。第一次检查江东大桥施工现场时，需要去到距离承台99米高的主塔顶部，检查工人作业面是否安全。他第一次登上了四面漏风、只有2平方米左右的升降梯，当时紧张得都不敢睁开眼，手紧紧握着栏杆。虽然直到现在依然恐高，但他每次都强迫自己爬上爬下，不放过每一个细节。

他还建立了一个施工安全资料库，里面记录了上百个施工安全事故。在一次检查中，他发现施工方为节省成本，未在离地2米高的作业面设置护栏等安全设施，并狡辩："这么低，不会发生事故。""亡人事故中，40%是高处坠落造成的，其中2～9米坠落的比例最高。城西银泰开业前，就有一名工人从2米左右的人字梯上失足坠亡。"傅菁俊随手拈来的例子，让施工方哑口无言，表示立即整改。

提起傅菁俊，认识他8年的杭州市交通工程监理咨询有限公司安全监理工程师胡劲松直言："他比较务实。负责过我的4个工程，其间基本上每月能见到一次，甚至多次。"5月10日晚上7时，胡劲松忽然接到了傅菁俊的电话，并请他关注内蒙古5月9日发生的钢箱梁施工爆炸事故。原来，在看到这一事故的新闻后，傅菁俊想到自己负责的江东大桥西接线工程也存在类似施工情况，便立即打电话进行提醒。

不是简单地去检查，傅菁俊还充当起义务宣讲员。他会不定时地在每个工地的民工学校，用PPT给管理层、施工班组讲解安全施工注意事项、安全事故。"对吃不准的法律法规、政策文件，问他也准没错。"一位施工负责人如此说道。

近几年，傅菁俊每年负责监督及参与监督的项目多达30多个

合格与不合格的家庭角色

工作虽忙，学习不敢忘。刚进入单位，傅菁俊每天除了挤出时间学习工程相关知识，还选择了难度最大的《安全生产法及相关法律知识》等

四门课程，并全部一次性过关，在杭州交通质监系统中，最先取得了注册安全工程师证。

傅菁俊的时间里，交通质监工作是主旋律，分给家庭的时间少之又少，因此他在家庭里的角色可谓合格又不合格。

2010～2011年，母亲病重，傅菁俊几乎放弃了所有的休息时间，都在医院里陪母亲，为母亲烧饭做菜：母亲手术期间，他就煲鸽子汤、鲫鱼汤；化疗时，他又改煲红枣汤与木耳汤。对于母亲来说，他算得上是一个合格的儿子。

然而，他却亏欠了妻子与女儿太多。近几年来是杭州交通建设高潮期，他的许多时间都泡在了工地上，有时一整周都在外面，不仅错过了结婚纪念日、孩子生日等，而且家里的买房、装修、照顾孩子等事情，几乎全部丢给了妻子。幸亏妻子深明大义，义无反顾地支持他，基本有时发几句牢骚，但一转身仍会细心地帮他备好出差行囊。

"最对不起的是孩子，很少时间陪她。"傅菁俊说，孩子还小，并不能理解他工作的重要性，会耍点小脾气。只要他出差，孩子必定不会接他的电话，哪怕是他回到家，也得先哄一阵，孩子才会让他抱。

傅菁俊手机里存的满满是孩子的照片、视频，出差思念孩子时就翻出来看一下。每到周末，他都要下厨给家人张罗一桌美味的饭菜。

纵然家庭角色难以完美地扮演，可他无悔，因为他将心血、汗水撒在了更广阔的天地，见证、参与了杭州交通的大发展。从事质监安全工作8年来，他负责监督的项目，始终保持着"零亡人"的纪录，为确保杭州交通建设工程安全平稳形势做出了重大贡献。

最美手记：

遇上、爱上质监工作也许是傅菁俊一生最美的选择之一。当"双鱼"遇到交通，虽然有过挫折、艰苦、无奈，但也在不断的抉择中迸发出如此的激情、智慧、毅力，将一位懵懂少年锤炼为顶天立地的大丈夫。一路行来，傅菁俊的足迹印在了浙江交通跨越式发展的壮美诗篇上，而浙江交通事业的璀璨明天，正需要更多如他这般的青春力量。

作者　林书博

开拓进取的质监先锋

金传兴，1979年出生，2013年成为了瑞安市交通工程建设质量监督站的一员。因为工作成绩突出，2014年他被任命为该质监站的站长。

2013年开始，他带领瑞安交通质监站在温州各县市区从第11名上升到第5名；2014年更是一度跃升至第2名；2014年，被评为浙江交通质监行业十大最美质监人。

金传兴：殚精竭虑　平凡岗位不平庸

作为加入交通质监队伍仅两年的质监"新兵"，他坚信"平凡岗位不一定平庸"的理念，克难攻坚，突破创新，奋发图强，在瑞安交通工程的质监岗位上取得新突破、新发展。

担当：再大责任，也要用肩膀扛起

出生于1979年的金传兴，虽然从2013年才开始接触质监工作，但是他之前一直与交通结缘颇深，算是"老公路人"了。

工程管理专业出来的金传兴，1997年一毕业就从事公路管理技术工作，其间还被抽调到瑞安市交通工程设计室，从事公路、桥梁设计工作。之后，他担任瑞安市东新公路改建工程工程科科长，并在瑞安市交通运输局挂职锻炼，任建设科副科长。尔后，他出任瑞安市公路管理段总工程师。2013年，金传兴来到了瑞安市交通工程建设质量监督站。

其实，瑞安交通质监站并不比金传兴"年长"多少，它于2011年11月底成立，而金传兴的到来，则为这个尚未成熟的机构注入了主心力，而这也意味着金传兴的工作量和工作难度的增加。

看着眼前精瘦的他，你很难想象他单薄的肩膀上扛起了多大的责任。金传兴说："虽然我一直在交通系统干，但是在质监这块，我还是个新兵。一切都是空白的，一切都要从头开始，我就像养育一个孩子一样，一点点倾注心血，一点点拉扯着质监站成长。"说到此处，金传兴竟有点动容。他坚毅的眼神中透露着柔情。想来，他在这个岗位上肯定有着很多故事。

2015年，3月的一天上午，"啪、啪、啪"雨水敲打着车窗，金传兴稳稳地抓着方向盘，慢慢地行驶在泥泞的农村道路上。道路前方的视线时而模糊，时而清晰。老56省道这个工程让金传兴一直放心不下，在检查中发现的问题让金传兴的心一直悬着。来到高楼，雨渐渐地停了，老天似乎也在眷顾这些辛苦的质监人。金传兴和几个同事一起来到老56省道项目部了解情况，听取施工单位监理的汇报。

金传兴（右1）认为，
为了避免质量安全事故的发生，必须强化质监力度

在检查中，面对原材料石子含泥量超标、中砂杂质较多的问题，金传兴强烈要求施工单位清退不合格原材料；面对路基填料不符合设计标准，填料含泥量严重超标、粒径过大，金传兴要求施工单位更换填料，并将粒径过大的石料进行二次破碎，并要求监理监督其整改，拍摄整改影像资料传至质监站，严格保证工程质量。

"我最担心的是，由于参建单位整改不力，造成质量安全事故的发生，所以必须强化质监力度，并争取建设单位的支持和认同。"金传兴说。他的理念是既然选择了这份岗位，就要对得起拿的每一分工资，不消极、不含糊，时刻以一个质监卫士的标准要求自己。

至臻：因地制宜，让质监站茁壮成长

为了加快质监工作规范化，他积极向温州市交通工程质监局、兄弟站学习质监经验；完善质监工作制度，加大站内人员的业务培训和学习力度，明确每人职责，树立质监威信；不断深入施工现场，听取从业单位的意见，不断改善质监工作思路，提高质监工作质量。

夜晚下的瑞城灯火璀璨，特别妖娆动人。交通大厦下的十字路口人来人往，有甜蜜的情侣，有温馨的家庭。夏日的瑞城，这样惬意的散步是一件十分舒畅的事。交通大厦的楼层里的灯都已经暗了，唯独15楼1501房间的灯光依然亮着。由于全单位只有4个人，而从2013年开始，瑞安站就开始在类似龙泉公路这样的大型农村公路上进行监管，下乡便成了常态。由于是农村公路，往往一个项目能耗去一天的工作时间。当结束一天的下乡工作，金传兴经常独自一人回到交通大厦15楼，打开那盏日夜陪伴他的台灯，开始埋头整理文案。时针"滴滴答答"地走着，寂静的办公室可以听到资料翻动的声音。金传兴的眉头时而紧蹙，时而舒展。

农村公路工程同国省道、高速公路工程相比较，有着迥然不同的特点。点多面广、规模小、公路等级低，其中造价在3000万元以下的四级公路工程占瑞安市农村公路总项目的80%以上，多个项目工程造价在1000万元以下。如果完全照搬、照套干线公路的管理标准进行监管，是不切实际的，甚至根本无法落实。随着质监工作的深入，金传兴一直在思考着，如何让瑞安的交通质监工作更加规范，而不是走过场。

功夫不负有心人，多少个日夜的思考终于换来了新思路、新想法。他在省、市级公路工程施工标化工地建设管理规定的基础上，推出农村公路工程安全文明施工管理规定，规范造价3000万元以下农村公路工程的安全文明施工管理标准。通过该规定的发布，进一步规范农村公路工程施工现场管理，提升公路建设工地形象。针对瑞安市小型公路工程众多，施工试验检测外部委托普遍的特点，出台外委试验备案管理规定，就外委试验检测机构选择、委托检测内容、要求、备案管理工作等方面予以明确，规范外委试验备案管理工作。

针对个别项目路面沥青混凝土数量偏少，单独配合比设计试验分摊成本较高的特殊情况，他提出了借鉴设计配合比的思路，规定量少、原材料稳定、拌和设备相同的，经申请、审批，可以参照其他项目的同结构配合比，一方面合理节约造价，另一方面也符合农村公路工程的实际情况。这些补充规定，在瑞安市农村公路工程监管中付诸实施，使得瑞安站的监管质量水平得到明显提高。另外，他还开创温州各县站的先河，率先推出"约谈施工单位法人、监理单位法人"等举措，都取得了显著的效果。

"我最大的目标是让质监站茁壮成长，争取让其列入温州11个县级市的优秀单位行列，并保持其稳定性，树立质监工作的规范性和严肃性。"金传兴说道。

奉献：扎根基层，时刻奔波在一线

公车改革后，瑞安站建站以来一直没有执法用车。面对众多质监项目，又一个难题摆在了金传兴面前。如果放任不管，被动等到执法用车配备为止，那么整个质监工作就会处于瘫痪状态。没多久,他萌生了一个想法:内部拼车。

他开始动员同事们拼车去工地,按月结算费用,站内同志合理分摊。他知道这样做,会让同事利益受损,但是为了质监工作的正常开展,他向同事陈述自己这种想法的不得已,并鼓励大家齐心协力,共同渡过难关。

为了减少同事们的负担,他尽可能多地参加现场抽查,以分摊更多拼车费用。靠这种方案,瑞安交通质监站保证了每个月8次以上、一年不少于80次的工地监督检查频率,确保每个工地的监督检查频率,均能符合规定要求。

在执法用车申请下来之前,内部拼车方案仍会继续实施下去,在他的心里,工作永远摆在首位。

"当时是怎么想到这个方案的?"记者问。

金传兴说:"我当时的想法就是想让质监工作能够尽快开展,走上正轨。内部拼车是没有办法中的办法。我们认可这份工作,才会选择这份工作,才会时刻奔波在一线,才会以'第一人称'的方式把自己投入到质监大家庭中。你会觉得为大家庭做事是牺牲吗?不会啊,因为这里是你的归属啊!"

最美手记:

什么是最美?金传兴说,我不知道美是什么,但我知道每个人在自己的岗位上都要兢兢业业,要对得起拿的每一分工资。虽然不能天天面对大项目,但他深信,在普通的基层岗位,也能做出不平凡的事迹。对于我们而言,最美就是他骨子里透出来的这种刻苦、钻研、踏实却又不张扬的精气神。

作者 李 剑 赵思思

开拓进取的质监先锋

王斌，1983年出生，2007年毕业后到湖州市公路水运工程监理公司从事监理员、试验员、专业监理工程师相关工作。2012年进入安吉县交通工程质量安全监督站工作。2014年12月至今，任安吉县交通工程质量安全监督站副站长。

他先后被评为安吉县交通运输系统优秀通讯员和县交通运输系统安全生产先进个人。2014年，他还在县局开展的"党的群众路线教育实践活动"被中推选为局属单位质监站先进榜样作巡回演讲。2014年，被评为浙江交通质监行业十大最美质监人。

王斌：奋战在质监一线，自豪！

一成不变的工作服，办公室、工地、试验室三点一线来回穿梭；工作时，一丝不苟，忘记分秒；闲暇时，带起眼镜，书本是最好的陪伴。这是人们传统印象中交通质监人的形象。但是安吉县交通工程质量安全监督站有这样一个人：简单干净的短发，温暖真挚的笑容。拎起检测工具挥汗如雨，拿起笔杆文思如泉，刷新了质监人的形象。

结缘质监　扎根一线

2007年6月，王斌从浙江交通职业技术学院道路与桥梁工程系工程监理专业毕业，进入湖州市公路水运工程监理公司工作。"在湖州南浔区善琏大桥工程工作的时候，住的环境不太好。"王斌此时口中说的"环境不太好"在我看来，用"差劲"来形容，一点不为过。临时搭建的简易活动板房，下雨天，房内"雨中曲"伴着入眠的情况也是时有发生，王斌扎根在此一年多。

他记忆最深刻的，当属大桥钻孔桩成孔结束时，常在凌晨一两点钟。那年初冬只要施工单位一打来电话，王斌就迅速从睡梦中清醒，匆匆披上军大衣，赶到桥梁施工现场测量孔深和旁站桩基混凝土灌注。这样的工作情景在他脑海中却是最美好的回忆。"大学里，我从书本上学到很多，可是真正锻炼我的就是那一年多的时间。"我忍不住问他："那么苦的环境，你就一点都不会抱怨吗？""刚刚工作那会儿有的是激情和动力，所以就不会觉得自己的工作有多难做。"也正是那些年的"苦",为日后王斌进入交通质监行业,积累了丰富的实践经验。

2012年安吉县交通工程质量安全监督站向社会公开招考专业技术人员,王斌从40多位竞争者中脱颖而出,正式进入交通质监领域。从一线施工管理到工程监理,再到交通质监,一路上凝聚了数不清的汗水与智慧。

"刚进入质监系统,刚好遇上农村公路质监工作开始纳入县级质监站的监管范畴。"万事开头难,最难在思想。当时,省里面有国网高速,市里面有省网高速、国省道,而在县里,农村公路因为先大等级低,而以往监管力量又薄弱,造成建设管理的缺位,自然存在的问题更是不胜枚举。"主要是低等级的公路,参建各方的技术力量比较单薄,质量安全监管意识很淡化、很薄弱。"那一年,省政府出台了〔300号令〕,同时为质监机构推出〔300号令〕质量安全监督实施细则,配套的还有公路水路竣(交)工验收实施细则。

新出的细则,跟以前乡镇验收模式相比,变动很大。"过去都是质监机构组织验收,现在主体发生变化,业主组织评定,只需要到我们这里备案就好。"在乡镇里,负责这方面工作的人员比较少,而且普遍岁数参差不齐,有的甚至电脑都不大用。最主要的是乡镇交通专管员轮岗比较频繁,抑或是身兼多职。一时间,推广问题触礁、搁浅。

面对农村公路质监这块未被开垦的处女地,王斌和同事们,一手拎着厚厚的质监工作职能手册,一手拿着记事本,去各个乡镇进行宣传工作。"在做工作的过程中很多人还是听不懂,我们就会给他质监工作职能手册,而且每个月还举办讲座,每年还有宣贯培训。渐渐的,乡镇思想观念开始有了变化。"

安吉交通建设的守护者

严格要求自己,踏实干事,长期活跃在工程一线,是他自己信守的承诺。无论酷暑严寒,但凡质监站与参建单位工作对接,会议宣贯、工地检查、竣(交)工验收等,总少不了他的身影。

2012年开始,农村公路质监工作从无到有,开始向乡镇负责人讲解县站的行政职能以及将开展的工作。同时,乡镇所提的建议、意见以及所面临的困难,他都在工作笔记上一一记录,回单位整理汇总后,交由领导在站务会议上进行工作布置。这些场景,在那时候的质监站,几乎每天都在发生。通过全站职工的共同努力,安吉县各乡镇的质量安全意识得到了显著提升。

品质力量　最美诠释
Pinzhi Liliang　Zuimei Quanshi

王斌（右1）在工地

记得有一次，站里同事在农村联网公路经常性检查中发现，水泥混凝土路面施工普遍存在配比不正确，水灰比偏高的现象，从而造成了混凝土路面建成后收缩裂缝多和早起破损等问题，严重缩短了路面的使用寿命。而且施工单位的技术力量参差不齐，无法用理论规范来进行指导和解说。

这时，他和同事们都提议，由自己站里的人员动手去做几个配合比来进行比对，这样一来，困扰水泥路面施工质量的问题就能得到直观的解决了。大家立即开始试验，他主动拿起铁锹铲水泥、碎石、砂至拌和机，加水拌和。随后又倒进推车，推到实验地点进行坍落度试验，一连几次根据配比，调整不同的用水量，直至达到符合规范要求的坍落度。"忙完对比试验后，我们的鞋子上、裤子上甚至脸上都沾满了水泥浆，但还是开心的，因为功夫没有白费。"王斌笑着说。通常人在一段时间后再去看过去，会有云淡风轻的感觉。他就是这样的一位守护者，从不计算自己做了多少，得到了多少，安吉交通建设质量和安全才是他心头之重。这位最实干的守护者，一直在用自己的行动，向我们诠释质监人最可贵的品质。

不断充电，他是交通建设把脉化症师

交通质监肩负着交通建设五大职能：质量、安全、监理、检测、造价的行业管理，涉及范围广，作为一名质监人员，要切实履行这些职能，需要具备较高的理论知识水平和丰富的实践经验，才能在施工现场有真正的话语权。

自进单位以来，王斌不断加强自我学习，跟着领导、同事一起注重知识和技术的积累，并迅速地应用于工程实践当中。比如造价审核上，王斌认识到他在这方面的短板，于是就虚心向市站造价科和县站领导学习请教，并且利用工作之余，对照文件范本反复思考、研究。如今在交通设计、监理控制价审核上，他是县局专家库成员。而作为一名技术人员，资格证书的取得是不可或缺的。认识这一点后，他积极参加全国及省市的考试，并取得交通运输部试验检测工程师证书，建造师执业证书，在职称上获得经济师、工程师资格。"我打算今年参加交通运输部监理工程师、全国注册安全工程师和一级建造师的考试。"王斌说，唯有不断地学习才能充实自己，"毕竟有压力才有动力嘛！"

通过这两年的努力，安吉交通质监站在2013年为安吉县农村公路监督工作开创了新局面，同时也得到了局属兄弟单位的肯定，在2012~2014年县局立体考核和全市交通质监系统综合考核中，均为第一。2014年3月11日，顺利通过省"质监先锋"示范单位考核验收后，安吉交通质监站成为全省第五家，湖州市第一家通过创建省"质监先锋"示范单位的县级质监站，2015年3月20日在全县交通运输工作会议上获得"先进单位"并受到县人民政府表彰。2013年9月，由于技术业务全面、突出，经单位推荐，王斌受到县局领导肯定，被提拔为科长，同年年底，他所在的科室被评为2013年度交通质监站"先进科室"。他获得了2013年度县交通运输系统"优秀通讯员"、"安全生产先进个人"、湖州市交通运输系统"优秀兼职材料价格信息调查人员"，2014年度县交通运输系统"优秀共产党员"。

从科班毕业，到工程一线的施工、监理，再到如今的政府监督管理。王斌通过自己的努力达到了一个一个的自我突破，"荣誉是对过去工作的肯定，但是我觉得交通质监工作永无止境，任重道远。"

最美手记：

如今，作为安吉县交通质监站的副站长，王斌身上的压力无形中增加了不少。虽说是副站长，可是他更喜欢和同事们一起奋战在质监一线。采访结束后，他还要赶去下派的安吉县天荒坪镇余村，协助在这里即将举办的全国"两山（金山银山）论坛"的筹备工作。匆匆地来，匆匆地走，这位如风男子奋进的脚步从未停歇。

作者 董雨函

开拓进取的质监先锋

蔡斌，1966年出生，1987年毕业后进入绍兴市公路管理处，曾负责省道绍大线、绍甘线改建工程。1997年绍兴交通质监站成立，蔡斌转型成一名质监人员，现任绍兴市交通工程质量安全监督站副站长。

因工作勤奋，业绩出色，他先后荣获了全省交通质监系统"质监先锋"、"最美质监人"和全市交通系统"优秀共产党员"、"先进生产工作者"等荣誉。2014年，被评为浙江交通质监行业十大最美质监人。

蔡斌：青春奉献给长路

细巧的眼镜透出书卷气，腼腆笑容和坚毅眼神又烙刻着路桥人的执着，如果从求学算起，今年49岁的绍兴市交通工程质量安全监督站副站长蔡斌和交通结缘已经30多年了，用一句时髦的话说是：他最好的年华，都献给了他热爱的交通事业。

经历，铸就事业成功的基石

蔡斌刚参加工作时，绍兴交通质监站还没有成立，从1987年到1997年，最青春的十年，他曾服务于绍兴公路管理处各个岗位，主要从事工程建设。那时公路工程建设基本由公路管理处负责，工程的分类远没现在专业，公路处既管设计，也管施工，同时自己监管自己。施工队伍和养护道班，都是同一单位的不同部门。新建、改建、扩建等建设工作由施工队完成，养护道班就负责把建好的路养好。

年轻的蔡斌整天泡在工地，从打桩测量、混凝土浇筑、钢筋捆扎到设计绘图、预决算、成本控制……样样都要学，样样都要精，对于一个刚毕业的年轻人，可是不小的挑战。这意味着既要懂现场，又要懂理论，既要懂专业，又要懂全局。骨子里的韧劲和路桥人的责任，激励着蔡斌一往无前，白天跑现场，晚上看资料，把自己当作一张白纸，抓住一切机会如饥似渴地学习，跟前辈学，跟同事学，跟工人学……每一点滴的进步都能让他欣喜不已。

内敛的蔡斌不会骄傲地为自己"带盐",但他也有朴素的哲学:干一行、爱一行、专一行。

由于吃苦耐劳,又是科班出身,蔡斌很快在同事中脱颖而出,参加工作没多久,省道绍大线拓宽工程实施,他被任命为技术负责人,紧

年轻时,蔡斌整天泡在工地

接着省道绍廿线也启动拓宽,他又被任命为项目负责人。提到这两次提拔,蔡斌不好意思地纠正:"当负责人不算提拔,只是一份责任。"的确,在那个年代,当负责人首先意味着你要对工程更多一份承担,而不是更多一份报酬。

蔡斌欣然挑起了这份责任。从此他像长在了路上,一趟趟巡视现场,分分钟绞尽脑汁,除了吃饭睡觉,他整天想的是如何更好更省地做好这两个工程。有心人天不负,正因为他对工作的执着认真勤奋踏实,最终以出色的成绩完成了上级交给的任务,两个工程双双获评优良工程。

有些事当时未必显现其意义,但将来的你会感谢现在努力勤奋的你。蔡斌现在就很感谢那时满腔激情的自己。也正是在那些工程中,他打通了学校所学与实践技能的"任督二脉",让自己彻底地从单纯的书本走向生动的现实。"比如做沥青路面,光从书本学的话,那些路基层、路面层、控制指标……学多久都只是一些陌生的'路人',但你实际做过一次,就成了'朋友'。"

这些工程历练,更积淀了他的路桥情怀。比如绍兴启动较早,后来在全省推广的"砂改油"工程,他就特别有感触。以前的砂石路,晴天一身灰、雨天一身泥,无论是百姓出行还是周边环境都很是令人担忧。改成柏油路后,不仅便捷了百姓出行,也改善了周边环境,这让他真切地感受到交通改变生活,也更加感到了自己责任的重大和存在的价值。

特别是在新昌山区改造砂石路时,老百姓对于畅通道路的渴望和他们对于路桥人的感激,更是让他对这一行业产生了相伴一生的眷恋与自豪:"乡亲们自发地给我们送饭送水,用小车子推了自家做的椿饼来给施工队吃,他们是多么盼望有一条好走的路啊……我真的没有理由不好好建造。"正是这样的责任担当,这样的经历铸就了他事业成功的基石。

转型,打开事业的另一扇门

1997年绍兴交通质监站成立,刚过而立的蔡斌又一次被"责任"选中,由一名路桥人转型为一名质监人。从质监站筹建开始,到程序建设、设施配置,他和质监站一起经历了最初的筚路蓝缕,也打开了自己事业的另一扇门。

"检测就是要用数据说话。"这是蔡斌常挂在嘴巴上的一句话。沥青质量、水泥混凝土配合比、原材料控制都会落实到一个个数据,这使工程建设由原来的设计、施工、监管一体,转入更加细化,更加科学、深入的质量控制。

检测和造路比起来,像是一项全新的工作,但,所有经历都是财富。在公路管理处各个岗位的10年磨剑和多个工程的历练,让他在做检测时很快得心应手。首先,哪些地方是容易出现质量问题、安全隐患的,控制要点更加明晰,沥青混合料的温度控制、桥梁混凝土的强度、外观控制,都是要重点关注的。同时,面对新的挑战,自己还需要补充什么知识,也了然于胸。但更多的,还是对于路桥人的这份情怀,这让他在为工程服务时,比别人更多一份用心与细心。

在日常检查中,他注意到许多工程持证特种人员紧缺,像电焊、电工、吊机操作人员尤其供不应求,他便急施工单位所急,联手绍兴市技术监督站等,多次为在建工程项目举办特种作业人员培训,为工程建设提供人才支持。这样的举动受到了相关施工单位的热烈欢迎。

绍诸高速公路延伸线和杭绍台高速公路,是绍兴今年新开工的两大项目。工程刚一启动,他就组织执法人员深入一线,按照法律法规要求,结合工程自身特点,就质量安全监督手续办理的相关程序和项目建设过程中质量和安全生产责任的落实,进行了现场指导,为各参建单位质量安全责任理清思路,提供"保姆式服务"。绍诸高速延伸线二标的相关负责人对这一服务就满怀感激,"这等于给我们提前上了一课,可以省去很多摸索和弯路。"

年复一年,蔡斌身先士卒,带领质量、安全监督人员深入一线

年复一年,为了绍

兴工程建设的平安，蔡斌身先士卒，带领质量、安全监督人员深入一线，不断开展专项检查和执法大检查，对施工过程中的重要环节、重要部位、重要工序及隐蔽工程进行监督，对现场存在的质量、安全隐患，责成责任单位限期整改，对全市交通在建工程组织排查，及时消除工程建设中存在的一些问题和隐患……因为他细致勤勉的工作，确保了全市受监交通工程多年质量无隐患、安全生产不出事。

刚刚过去的2014年，在蔡斌分管的建设工程质量和安全监督管理中，就有诸暨市质监站、柯桥区质监站，荣获全省质量管理先进、业务绩效显著、社会形象良好的县级质监站"质监先锋"示范单位，而这样的示范单位全省仅有7家。诸暨三环线等5家项目部，获得了省市两级"平安工地"示范单位。他自己也被评为"全省质监系统十大最美质监人"。

未来，监管引导双管齐下

作为单位班子成员，创新思路、做好行业引导，也是蔡斌更为关注的事情。在谈到下一步工作思路时，蔡斌说，绍兴交通质监站的工作，要越来越紧跟省厅中心的工作，紧跟行业核心精神，紧跟建设管理实际，贴近"互联网＋时代"，努力做到引导与监管双管齐下。

蔡斌不仅是这一思路的支持者，更是积极的推动者。

当前全省交通运输系统最美行业创建红红火火，作为最美行业创建的嘹亮回响，绍兴交通的"三好"活动也气势如虹。为响应这一活动，抓好队伍建设，今年3月，他全力支持参与全体执法人员开展了交通"三好"人物体验周活动，通过与3名不同岗位的交通"三好"人物同吃同住同劳动，在深切感悟 "三好"人物满满正能量的同时，不断优化自己的质监工作。

建立安全生产责任登记制度，也是蔡斌全力推进的一项工作创新。经过广泛调研，蔡斌提议并起草了《绍兴市交通建设工程安全生产责任登记办法（试行）》，并上报市局发文施行。《办法》的出台，更加有利于全市在建交通工程建设、监理、施工等单位安全生产责任体系的进一步落实和强化。

质量安全问题，重要的是防患于未然。蔡斌经常组织各参建单位开展质量、安全的政策和业务宣贯培训、编发手册，通过召开现场会、学习交流等方式，引导和推进各交通项目，积极开展"标准化工地"和"平安工地"建设。同时，通过文件发送、QQ平台、微信平台等方式，强化质量安全预警机制，深入开展隐患排查治理，发布预警、跟踪治理，把隐患消灭在萌芽状态。

对新开工项目推行施工安全风险评估、进一步完善和落实风险管控措施和加强远程视频监控体系建设，也是今后的一个方向。督促各工程指挥部（项目业主）切实肩负起远程视频监控系统建设、管理和维护的主体责任，尤其是对于预制场、大型结构物等风险点大的地方。虽然安全责任的主体在业主，但如何引导规范落实，却是蔡斌他们必须考虑的问题。目前，绍兴全市在建政府投资交通工程，已建设项目远程视频监控终端23个，监控中心8个。智慧质监正大步迈进。

这些年，监管的工程越来越大，涉及的内容越来越广：不但要独立监管，而且监管内容越来越细；不但要依法行政，而且要人性化；不但要高效，还要智慧……在感叹压力的同时，蔡斌也切身感到了时代和行业的进步。

上午11点，采访在匆忙中结束，还有成堆的材料和工作等着他，但蔡斌的脸上始终挂着温和的笑容，有条不紊地忙着，这么多年一路走来，他心中始终怀抱着一个信念：确保工程质量安全，对得起社会，对得起百姓，对得起身上沉甸甸的担子和责任。就是这个信念，让他无悔地忙碌，充实地生活。

最美手记：

对于蔡斌而言，最美是一则光阴的故事，一段流水时光里不变的旋律。从青春年少到年近半百，从路桥建设到行业监管，没有轰轰烈烈，但有兢兢业业，没有可歌可泣，但有无怨无悔。既然选择了远方，就只顾风雨兼程，既然选择了路桥，就要将安全质量进行到底。

记者　陈　爱

开拓进取的质监先锋

方良，1970年出生，1991年参加工作，先后在庆元县交通运输局、两龙高速公路莲都段指挥部工作。2008年，调入丽水市交通工程质量监督站，现任质监科科长，主要从事工程质量监督与试验检测管理等工作。

2007年，他获得市级重点工程先进个人；2013年，他获得市级"龙庆云景高速公路"先进个人；2014年，他被评为浙江交通质监行业十大最美质监人以及丽水市交通运输系统百美人物。

方良：让梦想起航　为超越喝彩

工作即梦想　忙碌并充实着

方良自2008年进入交通质监队伍以来，总是以满腔的热情投入到工作当中。他紧密结合交通质监行业转型发展，开拓创新，恪尽职守。在领导和同事的眼里，他具有良好的专业素质和综合能力，也有较强的业务水平和工作能力。他说："回想这几年的工作，总是因忙碌而充实，也因充实而忙碌。"

随着近几年浙江省交通形势的发展，省里多次出台文件、下达任务。方良总是带领科室一班人先学习、领会，然后对全市在建交通工程参建人员进行宣贯。如桥梁预应力智能施工技术，方良在省局学习回来后即着手进行宣贯，并在50省道莲都段举行现场观摩会，参会人数达240人。这是丽水市交通工程质量监督站有史以来规模最大的观摩会。

2013年底，省厅出台隧道施工管理文件，站里组织大家学习后，一些参建单位抵触情绪很大，认为太严，无法落实。为了将文件有效落实到位，方良对文件逐条进行分解，还根据自己的思路在龙浦高速公路建设项目中细化执行。功夫不负有心人，在2014年上半年全省执法大检查中，龙浦高速公路名列第一，受到了好评，特别是隧道管理的规范化，更是受到检查组的充分认可。

品质力量　最美诠释

工作中，方良（左3）奔波于各大桥梁与隧道间是常态

亲力亲为　奔波于各大桥梁与隧道间

记者采访的当天，方良正在景宁52省道项目上检查工作。只见他熟练地爬上桥检车，顺着车上的楼梯下到大桥底下。"这里高出水面56米，算是最高的地方了。"景宁县交通质监站副站长许文烽告诉记者，"方科每次检查都是自己爬下去看，特别是隐蔽工程，再高的他也会爬下去看"。方良这种负责的态度，让他无论在哪里检查都是亲力亲为。

"他工作上很严肃，很有经验，对我们也很照顾。我们对他印象很深，仅今年他来景宁就来了11次，对监督的项目他都很负责，关键节点他要亲自看过才放心。"许文烽告诉记者。

"我性子比较急躁，遇到事情一定要干完我才罢休。我情愿把事情做好了，再空出时间做别的。但有的时候是前面事情做好了，后面又跟着有事冒出来，整个人没空过。"方良面对记者采访，道出了自己的忙碌工作，"我觉得一个人既然选择了做一件事情，就要做好。现在工程质量责任是很大的，我们决不能让质量隐患出现。"

据悉，他最近频繁地来景宁52省道项目，是因为上次检查之后工程有缺陷，"景宁这边整改了之后，拍了照片给我，但我自己还是要到现场，让他们把桥检车开来，我下去看，自己心里才有底、才放心。"方良对待工作，永远都是自己看了才踏实。

徒弟眼中　尽职尽责的好老师

曾勇是位90后，他去年来到方良所在的质监科工作，成为方良的徒弟。一年多以来，曾勇跟随方良跑遍了丽水地区大大小小的交通工程。

"由于我们工作的特殊性和交通质量监督的重要性，我们对质量这块更认真细致，我们方科长是很认真的人，对有些问题会盯住不放，一定解决了才放松。"刚刚从桥检车上下来的曾勇，喘着气告诉记者，"质量为百年大计。在质量问题方面，方科是老专家，他的工作经验、专业技术非常过硬。这一年多，他带着我，发现问题的角度和处理办法都很独特，这给了我很大启发。"

"第一次爬上桥检车的时候,望着下面的河流,我自己都腿都软了。方科让我不要紧张,细心地鼓励我,他更是仔细地看遍桥下每一片梁板、每一个横隔板和支柱。"曾勇对自己的师傅赞不绝口。"有工作的需要,他就会上桥检车。我们从事这一行,就不容推辞,我最终在他以身作则的带领下,终于克服了恐高。"

此外,曾勇还说到方良对于隧道检查的细致。他很善于发现,即便是在灯光条件差、声音嘈杂、空气差、危险性高的隧道内,方良也是冲在第一个进行质量监督。"他总是这样不辞辛苦。隧道开挖的时候,他都要爬上台车。那种车很难爬,有五六米高,他也要爬上去看隧道顶部的施工。"曾勇说。

"丽水交通工程点多、面广、线长,质监工作基本上在外面跑,我们出差比较多,方科长4月份一个月就出差了22天!"曾勇告诉记者,现在交通建设检测技术得到很大提升,监督内容也丰富起来,方科长的工作量也随之增多。不辞劳苦认真完成不说,他更要做到最好。

家人的理解 让他时时心存感动

记者了解到,方良的儿子从小学二年级就开始寄宿在学校,因此他很心疼儿子。

"我们是星期天下午把他送到学校,到星期五下午才接。由于工作没时间,有时候想周二周三某一天把他接回来一次,换换衣服洗洗澡都满足不了,都是一周才见一次面。"方良有些惭愧地叹气,"孩子小学一年级的时候,有一次忘记了中午家里没人,自己中午放学就跑了回家,发现自己无处可去……我听到这事之后,心里很酸的!后来,我们就找小区里的庆元老乡,他也是在学校里教书的。我们跟他商量,能不能叫他托管一下,然后晚上再把小孩带过来。"

方良的职业,决定着他不能天天在办公室工作,必须跑出去检查,所以根本照顾不到家庭。如今他的儿子都15岁,马上要上高中了,还是周末才能见上一次面。"好在我孩子很懂事,从不抱怨,理解我的工作。他很坚强,很听话,我很欣慰。"方良说,"那么多年了,我从未带他出去旅游过。因为我工作忙,接二连三有事情,我没有休过年休假。一家人能凑到一起的时间很少,周末一家人好好在一起做做饭,就满足了。"

如今儿子正在放暑假,方良打算抽时间带他出去玩一下,让他有一个真正的旅行记忆。

一位成功的男人背后会有一位伟大的妻子。方良的妻子原先在庆元水电站工作,上班很轻松，待遇也好，但是由于方良工作被调到莲都，妻子也跟着来到莲都，在城乡公交公司工作。

"她现在所在的安全科日常工作很多，有时候她下班回到家，领导一个电话又把她喊回去。而且，从我家到她工作单位还要坐半个小时公交车，跨过整个市区，很辛苦。为了我，她放弃了很多。"方良为有这样的妻子而自豪。

超越即胜利　学习并快乐着

学习是永恒不变的话题。在质监岗位上，方良感到压力很大，生怕由于自己的无知给工程带来影响，为此，他常常督促自己加强学习，规范、文件，只要有利于项目，他都尽量摄取相关知识，在实践中不断充电，不断完善自己。最近，他学习了习近平总书记的《之江新语》、《走在前列、干在实处》等论著，通过学习，更坚定了正确的世界观、人生观、价值观。

丽水市交通运输局还针对国省道公路前期勘察不到位等问题，让方良做勘察设计分阶段验收，并于前年年底起草出台了《国省道公路勘察设计验收办法》。

有一次，由于目前农村联网公路的建设市场及队伍，还有待进一步规范，如按省政府〔300号令〕实施，势必进退两难。为了找到更加行之有效的办法，方良主动参与编写了《农村联网公路监督管理办法》，为县站监督项目提供了有力支持。方良正是这样，不断提升自己，不断开拓创新，为质监事业尽一份"绵薄之力"。

> **最美手记：**
>
> 跟方良打过交道的人，都说他很仔细。他工作尽职认真，看到问题就说出来，性格耿直，直言不讳，特别是质量问题绝不姑息、不讲情面、必须整改。他经常说："安全工作如果没做好，对于未来就是一个定时炸弹。今天过去了，明天就过不去。今天过不去，明天才过得去。"方良这种时时刻刻认真负责的精神就是"最美"的体现。
>
> 记者　刘岳

开拓进取的质监先锋

张麟，1986 年出生，2011 年进入舟山市交通工程质量监督局，现任质量监督科副科长，主要负责全市在建交通工程质量安全监督管理工作。

2014 年，他被评为浙江交通质监行业十大最美质监人。同年，他还获得 2014 年度"畅美交通"先进个人荣誉称号。

张麟：少年时代的"大桥梦" 三十而立的质监人

张麟从小住在舟山跨海大桥的起点岑港，他亲眼见证了舟山交通这 20 年翻天覆地的变化。尤其是少年时代被老师启迪的"大桥梦"，一直在他心中存留，参加工作后的他，将青春与热血抛洒在交通行业，参与舟山桥梁、公路的建设，实现着自己心中的梦。

许多年前，一位海岛少年的"大桥梦"

在张麟读初中的时候，年少的他和所有舟山人一样，为舟山将要建起跨海大桥这个愿望欢欣鼓舞。舟山是群岛地形，自古以来就与大陆隔绝，人们外出的唯一交通方式就是坐船。直到 21 世纪，舟山才有了自己的第一座跨海大桥。

张麟回忆，当时老师给他们喊出了一个激动人心的口号："2008 年，跨海大桥让你们开车去看北京奥运会！"中学时代的他每天骑着自行车上下学，经过在建的跨海大桥起始段——岑港大桥，望着它一个个桥墩坚定地迈过海洋，连接了两个相隔几个世纪的岛屿，那个时候，他就感觉到交通行业的神圣与伟大。因为心中萌发了"大桥梦"，张麟在高考填志愿时，选择了土木工程专业，开始了他的交通求学旅程。

据他介绍，舟山在没有跨海大桥的时候，每逢节假日，出海的码头十分拥堵，交通非常不便。跨海大桥可以说是每个舟山人心中的梦，虽然开车去看北京奥运会的梦想没有实现，但是 2009 年年底跨海大桥终于建成通车，圆了舟山人民的"大桥梦"。也是在那一年，张麟大学毕业了。

"我当时有幸参与了舟山跨海大桥工程,尽管项目已经接近尾声。2009年7月,我与浙江省内一家路桥施工企业签下合同之后,开始了我人生中第一份正式工作。当时我被分配到舟山大陆连岛大桥工程宁波连接线项目,亲身参与了跨海大桥的建设。"张麟回忆道。

刚刚毕业,受到了一个深刻教训

刚刚参加工作的张麟对交通工程充满了好奇与热情,当时项目经理问他想干什么,他说:"什么技术工作上手最快就去哪里!"经理很欣赏他,派他去现场参与生产与质检工作。他当时不怕苦、不怕累,从立棱镜、放样到熬夜旁站混凝土浇筑,每一个细小的工作都认真学习。

"那个时候确实很辛苦,但人的冲劲是足的,加上身边同事、前辈们的指导和帮助,大家在工作和生活中都是半师半友的关系,这些都给了我莫大的力量。"张麟深怀感情地说道。

但是,当时连岛大桥工程为了赶工期,打算在2009年国庆节通车,工期压力巨大。由于连续熬夜赶工,工人们实在是太疲惫了,疏忽之下,现浇箱梁局部关键位置混凝土没有振捣好,上级部门及专家现场检查后,要求返工处理。因为这件事情,张麟意识到工程中不能忽视每一个细节,如果之前更仔细一点,就不会返工。"本来箱梁混凝土浇筑前模板、钢筋安装需要一段时间,但返工的过程除了让前期工作作废,还需要另外花费更多的人力、物力和财力去补救。我那个时候也没有太多现场施工经验,也不知道振捣的重要性。这一个遗憾的失误,让我受到了深刻的教训。"张麟说。

张麟(右1)常说,工程现场一定要多观察、细观察

从那时开始,张麟在当现场质检员时,他就明白了工程现场要注意多观察、细观察,不能完全按照书上或经验来判断,每个工程部位都要有针对性地做预防措施。"返工给企业带来了损害,不仅拖累工期、耗时间、浪费钱,甚至企业形象也受到破坏。赶工期时更要注重质量问题,在有效工期不能保证的情况下,一定要保证工程质量。"

施工过程中哪里比较容易被疏忽、哪些工作是质量监管要点，这些现场施工经验，与他日后进入交通质监系统工作上手比较快息息相关。

认真严谨，时刻拧紧心中的瓶盖

2011年张麟进入舟山市交通工程质量监督局，成了一名质监人，现在是质量监督科副科长，主要负责全市在建交通工程质量安全监督管理工作。为了完成好工作，不管在骄阳似火的夏季，还是在寒风凛冽的冬天，他总是深入施工现场一线，认真检查每一块地方。

随着舟山群岛新区开发建设，交通工程建设投资规模逐年递增，建设项目难度越来越大，监管责任的重大也是可想而知。尤其在抓工程建设关键部位的施工时，张麟经常为参建单位提出合理有效的建议，对可能出现的质量安全隐患科学预防。

"老虎也有打瞌睡的时候，我们要拧紧心中的瓶盖，时时警惕，不能放松。"这是张麟对待工作的态度。

4年来，他累计下工地检查400余次，共制发监督检查意见书300余份，实施行政处罚8起，受监项目交竣工合格率100%，受监项目未发生一起质量安全事故。

在学习和工作中，张麟能够及时总结经验和体会，根据工程监督管理情况，拟定编制了《关于进一步加强沥青路面施工质量控制的通知》、《浙江省交通工程质量安全管理文件汇编》等各类监督管理文件，为监督工作的有序开展创造有利条件。

妻子眼中，奇葩的"职业病"丈夫

"有一次双休日，他开车带我出门兜风，开着开着就把我兜到了他要监管的那条路上。然后，他下车去看施工现场，让我等他。他觉得有时候不经意地检查往往能发现最真实的现场施工状况，这是他的职业本能。"张麟的妻子告诉记者，"我真觉得我的老公是奇葩！他出门主要是看工程，顺带陪我。"

妻子所说的情况不仅仅是张麟一次的举动，而是他出于职业本能，从心底

4年来，张麟累计下工地检查400余次

里把工作当成了每天应该有的生活。"他的手机里几乎找不到我和孩子的照片,全是工程的照片。我们出门路过的每个大桥他都要看,比如路过杭州湾大桥时,还跟我讲桥梁结构等专业知识,我也快被他培养成桥梁爱好者了。他现在的梦想就是看遍全国著名的大桥。"妻子的这些话更是道出了张麟"工作狂"的角色。

面对忙碌的工作、紧张的时间、巨大的压力、繁多的临时任务,很多时候是本来定好的事情,往往说变就变。就像记者采访的那天上午,张麟临时接到任务,被抽调去参加舟山市交通运输局组织的效能执法监察。

张麟以他一丝不苟的态度,造就了他出色的工作成绩,也赢得了领导和同事们的一致好评。他以高度的责任感和使命感,恪尽职守,求实奉献,为交通质监事业发展作出了贡献。

海上奔波,建设家园的心情让他永不退缩

"我一个月要去多次海岛,这几年,我的脚步基本遍及舟山全部海岛。交通工程在哪里,我们就在哪里,每天跟着工程跑。"张麟道出了舟山交通质监人的辛苦与无怨无悔。

由于舟山特殊的海岛环境,张麟的工作必须经常坐船出海,去小岛上进行检查的次数很多。经常出远门不怕,就怕有时会晕船。有一次,他去嵊山、枸杞岛检查,路上时间要花上五六个小时,早上5:40就要起床。因为晕船药有副作用,不能经常吃,遇上晕船就要忍。有时候他身体状况不佳,但工作计划排好了,也得坚持下去。

据他介绍,不同海域的风浪还不一样,有时候去时风小,回来时候风大,就没船可坐,回不了家了,所以家里有事也没办法赶回来。特别是经常深入偏远小岛的农村检查,时间花费更长。

"台风来了,家里老婆带着孩子抗台,我还要出去抗台,节假日也得值班。"一谈到台风,又打开了张麟的话匣子,"安全工作是我们科室的主要工作,就算忙得不分昼夜、台风现场情形可怕,我们也会认真做好工作。像台风季、梅雨季,我们都会很操心,这时工程建设的难度增大,我们的责任也变大,操心多、睡不好很正常。"

张麟说,交通工程的质量安全涉及舟山的每一位老百姓,绝不容许出差错!特别是涉及结构安全的桥和隧道,万万不能出事。"因为我们都是生在这里、长在这里的舟山人,建设舟山交通有一种浓烈的建设家园的感觉。家里人对我也有督促。有时候路过我监督过的公路或者桥梁,家人会说很好或者不好,给我提意见。"

最美手记：

对于张麟来说，最美体现在三十而立的他，勇于担当的责任心上。他在小时候萌生的"大桥梦"、"交通梦"，促使他长大后成为一名交通人，用自己的青春与热情，在交通质监这条路上尽情抛洒。未来充满无数种可能，他依旧会带着踏实的心去迎接各种挑战。一位质监人最美的体现，莫过于他对工作的负责与对自己的负责。

记者 刘 岳

开拓进取的质监先锋

肖方刚，1964年出生，1987年参加工作。从业30多年，先后干过勘测、设计、监理、施工、管理工作，现任象山县交通工程质量安全监督站站长。

担任站长的三年里，他所带领的质监站获得2013年度宁波全市县级质监机构质量安全监督工作目标责任考核第二名；象山县交通运输行业安全生产目标管理考核中，获优秀单位称号。他本人也因工作出色，被评为2013年度交通运输系统十佳科长，2014年度县级机关优秀党员。2014年，他被评为浙江交通质监行业十大最美质监人。

肖方刚：造好桥、修好路是一辈子的承诺

肖方刚，已经过了知天命的年纪，但工作起来永远那么干脆利落，思路清晰稳重，脸上特别有神采。"习惯了，不把工作安排好心里不放心。"老肖笑着说。

他还有一个长年的习惯：自打参加工作起就每天记笔记，工作笔记堆起来都有一人高。"人要始终保持学习的习惯，这就是你工作乐趣所在，也是你保持工作激情的秘诀。只有不断学习积累，你才发现交通事业是一辈子多么宝贵的守候！"

热爱交通，因为向往，因为责任

谈及自己和交通的渊源，肖方刚自豪地说起了他的父亲。原来，肖爸爸是个老交通，足足为象山交通奉献了40年青春。小时候，每当父亲背着测量仪风尘仆仆地出门，肖方刚的心里满是向往："长大了也要成为像父亲那样的人。"

15岁初中刚毕业，肖方刚就跟着父亲学习交通测量，当他背着重重的测量仪器穿梭在象山的崇山峻岭中，体会到野外作业的艰苦，此时父亲在他心目中的形象更加高大了。

对交通事业的热爱源于向往，而越深入这个行业，他就越发现这个行业的责任重大。

"当时，测量工具非常简陋，父亲用'踱步量距离'、'三杆定直线'的方法，大致检验测量结果。如果我想偷懒一下，父亲的眼光就像刀子一样扫过来。"肖方刚回忆道。

由于深受父亲的耳濡目染，为了让自己的专业技术更扎实，肖方刚在浙江省交通学校学习之后，经过一段时间的工作积累，又考入了同济大学道路工程专业继续深造。在从业30余年里，但凡是与交通相关的岗位，比如勘测、设计、监理、施工、管理等，肖方刚都干过，所以实战经验相当丰富，是大家眼里响当当的技术能手。

肖方刚（右3）带领工作人员在现场查勘

2014年2月，象山县涂茨镇涂茨至旭拱岙农村联网公路在施工过程中，突然部分边坡发生滑坡，2000多方土瞬间倾泻到马路上，现场一片狼藉。建设单位从没看到过这么大的塌方事故，一下子慌了神，立马打电话向肖方刚求助。

肖方刚带领工作人员火速赶到了现场，仔细进行查勘；设计单位也派人员进驻了现场，他们给出的解决方案是"锚喷支护"。可经验老到的老肖却不这么认为。看着设计单位怀疑的眼光，老肖指着现场的细节，一语道破了方案缺陷。"采用锚喷支护，施工工期长、投资大，施工中容易发生再次塌方，又不利于美观。"

根据现场实际，老肖提出了采用"上卸下挡综合排水"方案。"这样上面没有压力，下面又快速跟进，施工简单，就能解决这个问题，而且更利于美观。"

最后，实践证明，该项工程事故处理和原方案相比，足足省了200万元，也节省了两个月的工期。当施工方佩服地竖起大拇指说："肖站，你真行。"务实的肖方刚谦逊地一笑："只要让你们既好又快地解决问题，大家都愿意看到。"

从无到有，从小到大，三年内质监站管理名列前茅

像上述这样的事件还有很多，肖方刚优秀的处理问题的能力以及务实的工作作风在一次次实践中得到了证明，深受领导和同事的信任。2012年，象山县交通质监站挂牌成立，肖方刚被任命为站长。

万事开头难。象山交通质监站刚成立时，整个站只有两名工作人员，没有独立的办公场所。更"悲惨"的是，连一台专业检测仪器设备也没有。

作为站长的肖方刚勇挑大梁，以身作则。"那时，站里所有的人都是'5+2'、'白加黑'地这么干，白天忙着去工地现场检查、监督交底，晚上又继续为站里的筹建、内业资料整理忙到深夜。"

"虽然条件艰苦，但是我们尽力克服，逐步完成了环象山港一级公路工程等象山重点工程的质量、安全的监管工作。"

终于，在大家的努力下，一年多的时间里，象山站人员增加到了7名，拥有了20多台专业检测仪器设备。

人员落实了，管理又是一道难题。于是，他借鉴兄弟单位的有关资料进行细致研究，认真推敲，结合实际，制定了12项工作职责、24项规章制度、5项党风廉政制度，出台了质量、安全2个监督细则……

"为了明确职责，突出工作重点，站内设置了质量和安全两个职能科室。"肖方刚要求两个科室必须做到制度上墙，以便更好地把握各自日常工作的职责范围。

此外，他还推行轮岗制和AB岗制，加强两个科室人员的交流和沟通。"这样设置使他们既有专长的一面，也能发现问题，对全站工作都能充分了解。"

"来之能战，战之能胜"，是肖方刚对全体员工的要求。对于新人，他在业务上悉心指导，在工作中通过传、帮、带等多种途径，提升新人素质。

业余时间里，肖方刚带头学习。在他的影响下，站内1名同志研究生在读，有2名同志分别评上了工程师和助理工程师。在编的6名人员全部通过执法证培训，已有4名取得了行政执法证书……

短短三年里，连续几年在宁波市站的考核中名列前茅。

一定要学会算民生的大账，让老百姓走得更方便！

认识肖方刚的人，都感觉他身上有股正能量，而且特别能精打细算。当然了，他算的可都是大账。

2014年，象山有个隧道工程在开展原材料检测的时候，他发现部分钢筋力学性能未能满足要求。这无疑埋下了安全隐患！于是，老肖立即下达质量监督通知书，督促施工单位对该批次材料做了清退处理。

可施工单位一时半会想不通，接下来求情等都来了。但是肖方刚态度明确，必须清退！施工单位几番公关下来，也清楚了老肖的脾气，软了下来。施工单位清退了该批次材料，并认真排查原因、递交了汇报材料，象山站也在季度通报上公布了这一情况。

"质量隐患问题，坚决不能让步！不仅对施工单位，对上级领导我也一样！"老肖义正严辞地说。这股子较真的劲，就是因为老肖心里挂念着一笔民生账，"对老百姓负责，严把质量安全关，这才是最重要的。"

在丹城至西泽公路工程第一次改造测设时，人们也领教了老肖的认真。

当他发现局部线型不合理时，便对现场又进行了一次细致的勘察，并征询了沿线老百姓的意见。果然，从老百姓口中得知，新中国成立前，曾经有另一条更为优化的线路，政府部门都已经来量过线了。

事实证明，肖方刚的勘察调查是正确的，此时他更有底气。但是，不同的声音也出现了："征迁都弄好了，换来换去不麻烦啊！"面对质疑声，老肖身上的那股认真劲又上来了，"尽管麻烦，可是这条线形的确更合理，更适合远景交通发展啊！"

事情在老肖的坚持不懈下出现了转机，当时的副县长来考察现场，老肖特别热情地邀请副县长去那条优化线路上看一看。他从线位优势、数据论证等各方面和副县长进行了热烈的探讨，事后，副县长专门召开座谈会，经过专家多方论证，果然这条线路更合理。于是，副县长当场拍板，并用赞许的眼光看了看老肖。

"我向县长提出另一套方案，不是为了出风头。只不过想让老百姓走得更方便，国家投入的每一笔钱也用到了实处！"老肖反复地算着这笔民生账，"即便多年以后，我经过象山每一条我们质监站把关的路，都能腰杆笔直、脸带微笑，说明我们的工作经得起历史和时间的考验！"

最美手记：

采访中，一直感叹交通人的严谨和热忱。老肖每每讲起象山的哪一条路、哪一座桥，他的肚子里仿佛装了"活地图"，如数家珍。而这些交通工程仿佛又像他的孩子，承载着希望。"我只希望老百姓走过这座桥、这条路时，脸上都能有笑容，毕竟造桥修路是积德之事。"多年以后，他仍记得父亲对他庄重的职业教诲！

作者　吴宇熹　胡婷婷　黄　俊

第三篇

爱岗敬业的监理标杆

很多业内人士都在说，监理不好做。是的，监理是监督者，廉洁从业，保证质量与安全是他们的职责；监理也是协调者，按图纸、规范、国家规定实施监理，保障业主、承包人的合法权益，是他们的工作内容。他们就像伫立在工地上的扎实的结构物，朴素实在，展现着让人心生敬畏的标准和原则之美。他们是浙江交通质监行业十大最美监理人。

爱岗敬业的监理标杆

徐发生，1978年出生，1998年参加工作。曾经参与江阴大桥、杭宁高速等5个项目的施工监理工作，独立主持了104国道吴兴段、318国道长兴段等8个项目的施工监理工作。目前任湖州市公路水运工程监理咨询有限公司党支部书记、副总经理、总工程师。

从事监理工作的16年时间里，他先后被评为"先进个人"、"交通五佳监理工程师"、"浙江省公路水运工程优秀监理工程师"、"十周年优秀总监"、"2013年度先进个人"。2014年，被评为浙江交通质监行业十大最美监理人。

徐发生：用诚信找立场　用情怀铸梦想

很多业内人士都在说，监理不好做。立场不好确定，工作难做，人际关系难处。但是湖州的徐发生从事监理工作十几年，却用自己的方式诠释了监理工作的难与美。没有长袖善舞，没有左右逢源，徐发生就像伫立在工地上的扎实的结构物，展示着朴素、实在之美，也展现着让人心生敬畏的标准和原则之美。

标准是杠子，诚信是底子

徐发生和他那个年龄段的工程技术人员一样，学历起点都不高。1998年7月南京交通学校工程监理与质量检测专业中专毕业，但是10多年来，他从没有停下学习的脚步，目前还在武汉大学土建学院建筑与土木工程专业攻读工程硕士研究生。参加工作到现在，先后担任总监达16年。

徐发生认为，做好监理工作最重要的执业操守是诚信监理，将诚信理念融入监理工作中，按图纸、规范、国家规定实施监理，保障业主、承包人的合法权益。底线是做到廉洁从业，保证质量与安全。

工作期间，不善言辞的徐发生先后荣获湖州市交通五佳监理工程师、浙江省公路水运工程优秀监理工程师、浙江省交通质监十大"最美监理人",湖州市重点建设立功竞赛先进个人,湖州市公路水运工程试验检测专家库成员等多项荣誉。

在交通监理领域,做到徐发生这样应该说小有成绩了,甚至算是行业里的成功人士。但是这么多年路走下来,徐发生觉得自己最大的收获,就是适应了监理的工作圈子,用好了自己手上的技术专长。

2009年开始,环太湖公路及环湖沿路大堤加固工程,由徐发生担任总监理工程师。该项目兼具交通、旅游、水利加固等功能,水利与交通交叉施工,施工干扰大,又处于太湖边,交通很不便,建筑施工部用的材料、设备大部分靠水运。徐发生实行了监理办标准化建设与总监负责制试点,编制了《监理办标准化建设实施办法》、《监理办总监负责制实施办法》,为省厅办法出台积累了有益经验。

坚守原则,精细管理说说容易,付出的心血只有徐发生自己知道。在浙江宁波甬台温高速公路2006年度路面整修工程中,住在甬台温高速奉化西坞服务区,吃住条件差还能接受,工作环境的艰苦,却给他留下了一辈子的印象。

"离开湖州,人生地不熟;第一次担任高速公路的总监,虽然只是个养护工程,但建设标准、要求全部按高速公路的要求;还有自己以前从来没有接触过的路面微表处施工,需要从头开始学习。这些也还好适应,最艰苦的是路线全长70.418公里,从奉化到宁海,但监理人员只有两人。当时公司给我配了个学校刚毕业的学生任监理员,没有专监,还有一个总监就是我自己。在这样的情况下,也不分什么总监、监理员了,只有自己冲在前面,亲自旁站、亲自检查,还要做好青年监理员的业务传授工作。"

"当时业主要求也高,假如人在宁海检查基层病害处理,突然接到业主电话,说奉化这里安全标志标牌不全,或牌子倒了,要监理赶过去,那只能把监理员放在宁海,自己开车赶去奉化,一天这样要折腾好几次。还有就是因为高速公路要封闭施工,早上特别早开工,晚上特别晚收工,工作时间特别长。"

虽然艰苦,但也正是这个项目,让徐发生奠定了自己公司的地位,更打响了公司在全省的品牌。

有标准的时候看标准,没标准的时候看担当

监理工作不好做,这是每个监理人的心声。

在开展监理工作的过程中,徐发生最怕业主赶工期。特别是目前工程项目大部分存在的前期资金到位差、政策处理滞后的情况，项目前期进展不力，后期地方政府又规定具体的通车时间，给施工监理带来很大的影响。杭嘉湖平原多软土地基，塑料排水板软基处理的超载预压需沉降稳定方可卸载。当有个别点沉降速率不满足图纸要求时，迫于工期压力，不少施工节点也只能被动同意。

还有就是经常遇到某些行政领导担任指挥部领导时的盲目指挥，作为监理，也很难做，没有办法。

但是，监理方一定要代表业主的利益，开展监理工作，工作中要做到严格监理，公正科学，也要保护承包人的合法利益。

徐发生的应对方法就是：实事求是，除了要依靠专监、监理员工作外，作为总监，自己一定要亲临现场抽查，用事实说话。另外还要依靠行业管理规定、图纸、规范、合同条款处理有关问题。有标准的要坚持标准，没明确标准，设计要求不是很明确的，要敢于说话，敢于拍板。在确保质量安全的情况下，让工程稳步推进。

他遇到过的最深刻的质量安全隐患，是塑料排水板竟然不是打进去，而是人工插进去的，而且只插了50厘米进去。发现这一现象后，徐发生又是好笑，又是恼火。这简直把工程当儿戏。最后全部进行了返工处理。

多年的工作做下来，徐发生养成了一个习惯，很多事情自己要尽可能亲自复查一遍。2009年的一天，他去工地，看到塑料排水板打设完成，就自己下去检查，顺便使劲拔了一下，竟然全部被拔起来，要不是自己亲自复查，这个质量隐患就要被掩盖。相关责任人也得到了相应处罚。

徐发生（左1）有个工作习惯：
很多事情自己要尽可能亲自复查一遍

身不由己时把握大方向，责任重大时不忘细节

徐发生觉得坚持原则最难，不少监理在工作中就是因为界限不好把握，觉得身不由己，才导致工作难做。

其实他自己也经常遇到这类情况。比如安全生产费计量需要监理审核把关，有时候某些费用其实是不符合合同规定的，但承包人事先与业主已经沟通，准予计量，这时候监理就很难做，同意吧，不符合合同，不同意吧，把业主给得罪了。

遇到这些情况的时候，徐发生的经验，是看大方向。有利于工程建设质量安全大局的，有利于三方工作配合的，他还是在坚守原则的前提下灵活处理。

这么多年来，让徐发生觉得压力最大的项目，是318国道湖州南浔至吴兴段改建工程南浔段项目。这个长达28公里，建安费近14亿的项目设置两个监理办，徐发生担任J1监理办总监。监理费达1931万元，监理的路线长度16.8公里，有桥梁24座，路基填方约105.622万立方米、大桥1997.68米/5座。

J2监理办也是徐发生所在公司中标，由徐发生作为公司分管领导进行管理，监理费975万元，监理的里程长度12公里，有桥梁16座。

这个项目政府关注度高，由于是BT模式建设，合同主体多，还需协调五家检测机构。项目公司是建设期业主，极可能会维护施工方的不正当利益，监理工作难度大；还有就是项目公司在方案设计、投资风险分析时存在不足，建设期如出现资金不到位，或政府方不能提供抵押权或不按期回购，容易停工。

面对困难，徐发生并没有放松气馁。2013开始，徐发生配合公司管理创新，按湖州交投集团要求，在该项目设置"诚信监理党团工作室"，把自己积累多年的诚信监理理念用到了项目管理上。

"诚信监理党团工作室"是监理公司党支部为引领、培养青年员工快速成才而成立的流动人才培养基地。它通过为青年员工配备成长导师、专家导师培训授课、技术比武、岗位练兵、监理工作创新研究等举措，打造知识型、专业型、创新型监理队伍，同时也出现了党建带团建、党团共建的有效载体，是服务员工、服务项目、服务社会的公益平台。这个创新营造了监理部良好的工作氛围，也疏导了外部因素的不利影响，推动各项工作迈向正规。

最美手记：

　　了解徐发生的人会说徐总内秀、大气，有领导风范，不了解的人会说咋一眼看像个普通农民工。采访中笔者也有截然不同的感受。憨厚踏实的徐发生不善表达，讲到自己的故事时，总是觉得很普通，不值得一提；但是当记者换个方式，让他把经历过的事情写出来时，他立刻像换了个人。交通质监人的苦与乐，职责与压力，梦想和彷徨，在简单明了的文字中，缓缓流出。其实，和大多数交通质监人一样，在他的内心或者生活里，他仅仅是一个简单执着的男人。

作者　张　帆

爱岗敬业的监理标杆

颜碧江，1980年出生，高级工程师。他先后担任过监理员、专业监理工程师、副总监、总监。现任杭州绕城下沙互通至江东大桥高速公路工程总监。

其所在单位连续多次被评为"优秀监理企业"、"钱江杯奖"、"交通部优质工程奖"等，他本人也先后被评为浙江省公路水运工程优秀监理工程师，交通部优秀监理工程师，项目优秀监理工程师，多次获得先进工作者荣誉称号。2014年，被评为浙江交通质监行业十大最美监理人。

颜碧江：怀揣梦想 极速前行

第一次约见颜碧江，足足耽误了近一个月。已经确定好的时间，都因为各种检查视察而不得不延期。好不容易见到，这个名字里颇具江南特色的大男人，竟流露出不好意思："我今天是跟指挥长请了假的。"知道他忙，但没想到有这么忙。项目工地就在杭州下沙，却已经半个多月没有回过杭州滨江的家了。

从业十七载 一路优等生

1998年从学校毕业后，颜碧江以实习生的身份进入到杭州交通工程监理咨询有限公司。一个项目下来，同批进去的二三十人，最后只留下了他一个。虽说那时还是小小监理员，对监理工作的认识，也只停留在拿着各种标准规范去挑毛病找刺儿的阶段。但"勤奋、肯干、能吃苦"，他是当时留给领导的最大印象。

监理的工作包含各个工种，颜碧江最初几年一直分在试验室工作，也渐渐掌握熟悉了试验室的各个环节。让他想不到的是，2001年杭甬高速公路拓宽工程，领导突然安排他去管桥梁结构。年轻的不羁让他一度以为是领导对自己有意见，却不知这份良苦用心。"你不可能一辈子只做试验。"一语点醒梦中人，也正是有了这次的突然转变，颜碧江开始思考自己工作的意义，他有了自己的目标和方向。

每到一个工程，都要有初心般的热情和投入。十七年来，他从监理员一步步成长为专业监理工程师、副总监、总监。监理过石大线石桥至大井段公路工程、02省道玲珑至昌化段改建工程、杭甬高速公路拓宽工程、萧山浦阳江大桥工程、湖盐线海宁段改建工程、杭金衢高速公路浦阳互通工程、建德市麻车大桥工程、淳安环湖公路上江埠大桥工程、杭长高速杭州至安城段公路工程、杭州绕城下沙互通至江东大桥高速公路工程等高等级公路工程的建设。他监理过的项目多数被评为优良工程，其中杭长高速杭州至安城段公路工程被授予于"钱江杯奖"。

亲力亲为　力求完美

风餐露宿、通宵达旦已成为他的一种状态；不断开拓，不断进取已成为他的一种态度。

看他的微信朋友圈，最近几天的发布点几乎都在凌晨以后，发的内容大多和工作有关。"凌晨0:29，钢箱梁开始合龙！凌晨2:08，E匝道南半幅钢箱梁顺利完成合龙！次日凌晨1:07，西接线项目最主要的五岔路口钢箱梁顺利合龙！……"

这里的"五岔路口"，就是杭州绕城高速下沙出口，德胜东路和文汇路交叉口。说起这个工程位置，如果问一问下沙人，哪个地方常年最容易堵车，就知道在哪里了。不管是哪个方向的来车，到了这个路口，总要堵上好一会儿，特别早晚高峰时，可能会堵上半个小时。而颜碧江他们现在所在的工程，就在这个位置。

虽说工程里程数不长，但由于是开放式施工，车流量特别大，安全问题尤为重要，只能晚上11点开始作业。"短短三跨要分为七个节段，四十四个分块，再逐一进行吊装。一次吊装除了工人外，还要协调交警协警及管理人员数十人进行现场配合。"说到这里，他嗓子又哑了一些。"这几天都没怎么合过眼。" 对每项工作都亲力亲为、力求完美，终于理解了同在杭州，他却整夜整夜不回家的原因。

说到微信控，他还真用在了工作上。他利用现有的通信设施，建立项目微信群，实现了施工现场动态管理和信息互通的时效性。"以前通知一件事情要挨个打电话，现在只要群里喊一下就好。"他边说边拿起手机翻着看，对自己的这个小想法颇为得意。"有些项目中发现的问题，群里一说，对其他人也是一种警示和教育。"

质量就是生命　唯有默默坚守

在工程建设中，颜碧江始终坚持"工程至上，质量第一"的原则，视工程质量如生命。

品质力量 最美诠释

颜碧江（左2）在现场开展监理工作

从开工之初的材料进场审批到工序报验的每一环节，都严格按程序办事，不合格的材料不批准使用，上一道工序不合格，绝不允许进入下一道工序的施工。

从担任杭州绕城下沙互通至江东大桥高速公路工程监理总监那天起，他和同事们就一门心思扑在了工地上。从原材料检验、施工管理到质量检测，他们的弦总是绷得紧紧的。作为这项工程的总监，他的"认真"和"严格"在圈子里是有口皆碑。有一次，他发现主线桥桥墩第一次混凝土浇得不好，拆模后外观颜色不均匀，表面有大面积的砂痕现象。他二话不说，立即要求施工单位全部打掉重来。施工方请求通融一下，他坚决不同意。"这是桥梁墩柱的首件，如果这件放它过去，以后施工人员就会按这个标准来，那是很致命的。"他说，"我们修路造桥要对老百姓负责，千万不能留下豆腐渣工程。"这桥墩一打掉，十几万就没了。施工方按要求重做后，感慨不已："我们做了这么多年工程，还从来没遇到过这样严格的监理！"

在安全管理上，他从源头确保安全专项施工方案的可操作性，从技术上保证现场施工的安全性；在进度控制上，他积极督促施工单位认真制定年度施工进度计划。在关键节点控制中咬定目标，及时要求施工单位加大设备投入，同时在气候不利时，积极主动提出合理化建议，保证施工计划顺利实施。靠着这种"认真"和"严格"的管理，杭州绕城下沙互通至江东大桥高速公路工程多次被上级主管部门表扬，并获得省级"平安工地"示范监理合同段等荣誉。

言传身教　铁骨硬汉也有柔情面

榜样的力量是无穷的。颜碧江深知"知识改变思想，思想改变行动，行动决定命运"这句话的真谛，在当今学习型社会里，交通监理行业更应该不断吸取新的知识，更新旧的理念，以满足时代对交通监理行业的要求。

他不仅自己坚持学习，不断进步，而且还把所学到的知识和技术毫无保留地传授给大家，以自己的行动影响和带动身边人。每当一个工程开始施工前，他都实地了解情况，与业主、设计院进行沟通，熟悉设计意图，指导工程技术人员进行施工方案优化，筛选出关键技术控制点。

每到一个地方，他会把现场管理人员、工程技术人员组织起来，每道工序、每个细节，逐个讲解，关键环节再三强调。对于刚毕业的年轻技术人员的提问，他总是耐心倾听，认真答疑，直到完全弄懂为止。在工程休整期间，他还总结自己多年的实践经验，通过监理办内部学习这个平台，供大家参考借鉴。看着一个个年轻人成长起来，他满意地说："有了新生力量，相信公司以后的项目会越做越好"。

带病执岗、熬夜通宵这些对于他来说真的不算什么。再累、再苦，熬一熬就过去了。是的，做工程的常年在外，把自己的青春、热血都洒在了工地上。庆幸的是，他有一个同行的妻子，相比较而言，更理解也更支持他的工作。只是每次女儿在电话那头问："爸你什么时候回来啊？"让他心中尤为歉疚。同一个小区的女儿玩伴，人家爸爸在长沙工作，每周都还会飞回杭州过周末。而自己所在项目工地，离家只有不到半小时的车程，回家的次数屈指可数，几乎每个周末都是在工地上度过。在工作上，他对每位监理员都要求非常严厉，平时聊天时却对大家说，要对家里人好一些。哪个家里有事，他都尽量安排好，自己却常常忙得忘记打个电话回家。他就是这样一个工地上铁铮铮的汉子，在家里是一位柔情的丈夫、父亲！

俗话说得好："不想当将军的士兵，不是一名好士兵。"同样的，"不想当总监的监理人，不是一个好监理人。"当问到已经是总监的他，完成了绝大部分监理人的目标后，还有什么梦想时，他的回答让人大吃一惊："对我而言，当上总监只是刚刚起步，在技术层面上虽然不能成为样样精通的十项全能，但在一些特殊施工工艺上还有一定的上升空间。"面对将来越来越复杂的施工环境，成为一名优秀的精通技术又熟悉管理的总监，将是他的发展目标。

"监理这一行业自1980年代中后期从国外引进至中国以来，一直都在结合中国国情，处于磨合过程。我们一方面要顺应行业部门政策与时俱进；另一方面我们要走出去，参考国外优秀的监理师的特点，取长补短，丰富见识。"说到监理的未来，他充满信心，"在这个时不我待、舍我其谁的时代里，要怀揣梦想，极速前行。"

最美手记：

颜碧江说自己是技术上的"老手"，管理上的"新兵"。他代表了一批新时代的监理人，他们不再满足于简单的程序性工作，而重在服务和发展。颜碧江的最美体现在脚踏实地，怀揣梦想。他用自己的青春和热血，诠释着新时期交通质监人对事业和理想的庄严承诺。

作者　李　冉

爱岗敬业的监理标杆

朱高峰，1980年出生，2002年从宁波大学土木工程专业毕业后，来到宁波港工程建设工程监理有限公司，一直从事港口工程的技术管理工作。至今以后主持或独立完成5项大型水运工程项目，取得较好的效果。

他所负责的中宅煤炭码头工程，创造了宁波港项目建设史上多个"第一"，正在参评国家优质工程奖。2014年，被评为浙江交通质监行业十大最美监理人。

朱高峰：面朝大海　梦圆大港

面朝大海，春暖花开，是诗人海子的梦想。而对于从小向往世界大港的绍兴人朱高峰来说，那是开天辟地、一望无际的怒放青春。2002年，刚刚大学毕业的朱高峰来到宁波第一缕曙光升起的地方，宁波的最东部，一定没想到，他的笑、他的泪、他的梦、他的根，就这样深深嵌在这片当年的茫茫滩涂、现在的宁波港穿山港区。

这是最好的时代

说到生逢的机遇，朱高峰喜欢引用一句经典的台词："这是最好的时代。"2002年，朱高峰从土木工程专业毕业的时候，正是中国建筑市场强势起飞的时候，宁波港的建设也正是从这一年开始，以每年四五十亿的投资规模，跨越式发展。

朱高峰从中学时候就经常听说宁波港，那是邓小平改革开放的前沿，代表着中国的方向，一个年轻人的梦想。2002年一毕业，就来到宁波港集团旗下的宁波港工程建设工程监理有限公司工作，这对他来说，是梦想成真的一刻。

除了好的时代，他还遇到了好的团队。2002年8月，朱高峰刚到公司，宁波港北仑港区四期集装箱码头工程就在这个月开工建设。这个项目总投资40.68亿元，由公司总经理张铁峰挂帅担任总监，率领五个专监和十来个监理组成的团队，团队成员个个年轻精干。身边的同事都这么优秀，又有这么好的"团长"，这让朱高峰的事业，有了很高的起点。他

朱高峰见证了宁波港的建设与发展

在这个项目学到的东西很多,不但从张总监身上学到了"今日事今日毕"的雷厉风行,更从同事身上感染了一往无前的战斗激情。

一开始朱高峰只是现场实习监理员,但很快,因为他勤奋好学,善于钻研,被任命为公司北仑四期项目部房建、道堆工程监理员。这么大的项目,十多个单位同时施工,各种专业的配合、质量的把控、进度的管理、安全的保障,朱高峰在这个项目和团队里获得的成长,特别是整体协调能力的提升,是别的小项目小团队所不可比拟的。

这个工程后来获第十届中国土木工程詹天佑奖和2010~2011年度国家优质工程银质奖。虽然朱高峰只是众多参建者之一,他仍然感到无限的自豪。在这个项目里,他第一次把自己的书本所学融入实践,第一次感受到大工程的气势如虹,第一次领略大时代的波澜壮阔。

如今,已经独立负责过多个项目,并且从毕业后一直在做大项目的朱高峰说起这第一次触"监",还是百感交集:"大学毕业后的第一份工作,可能就奠定了一个人一生的职业方向和职业情怀。那时候工地大学生还不多,初到工地难免浮躁,我是到了工地,和老师傅们在一起,才学会了踏实地面对和解决问题。这不但是工作态度,也是人生态度。"

一座一座丰碑

因为第一个项目学得扎实,朱高峰很快开始独当一面。2002年入职以来,他已经主持或独立完成6项大型水运工程项目,累计监理及项目管理工程总造价100多亿元,而且均取得优秀成绩,获得各方好评。它们像一座座丰碑,矗立成朱高峰人生的风景。

2006年,北仑港区四期集装箱码头工程中接近尾声时,宁波港工程建设监理有限公司北仑五期工程启动,朱高峰被任命为北仑五期集装箱码头水工工程、道路堆场工程监理工程师,开始独立负责整个项目的某个分项工程。这是一个特大型水工项目,总造价达60亿元,工程精度、进度要求都很高。

20多岁的朱高峰带领水工组全体监理人员会同施工单位，采取了增加钢筋网片、横梁梁顶部位剖双缝、预制管沟梁结构和现浇管线梁混凝土结构等一系列措施，攻克了多项技术难题，获得业界广泛好评。他还在水运工程中成功运用了120吨塔吊帮助施工，这在国内也不多见。在陆域堆场管理中，他首次在宁波港引入水泥稳定层滴定技术及钻芯取样标准，解决了困扰监理们多年的，关于稳定层施工质量问题。

朱高峰在码头施工现场

2010年中宅煤炭码头工程启动，他第一次出任项目总监。这是一个新建港区散货码头，涉及的专业非常多，设备、电气、给排水、控制、消防、环保、污水处理、土建等等，且各个专业均交织一起，组成一个完整的码头运营系统。这给项目管理者带来巨大的挑战，需要协调各个专业在不同阶段的交叉作业关系、交叉作业条件、交叉先后施工顺序等。任何一个环节存在问题，都将导致整个码头皮带机运营系统无法使用。

刚过而立的朱高峰顶住了压力，他带领项目部全体人员经过艰苦奋战，中宅码头水工工程和陆域工程均于2012年顺利通过交工验收。这一工程创造了宁波港项目建设史上多个"第一"：第一个隧道、第一座高架桥、第一高边坡，也让他在一次次山重水复后，成长为一个成熟的项目负责人。

2014年，光明码头整体改造工程启动。该工程被冠以宁波港1号工程，是宁波港转型升级的关键一步，其未来定位是煤码头，它将转移离城区更近的北仑港的煤码头功能，使后者升级为杂货、集装箱码头。北仑港区码头的升级与该码头的改造息息相关。而且该工程大部分施工区域均位于码头作业区，改造施工的同时，码头仍在进行生产作业，属于边施工边生产，其重要性和难度都不言而喻。他又一次作为总监被派驻施工现场。

一次次被选中，是压力也是荣耀，每一次朱高峰都欣然领命。"这是公司对我的信任，也是我对自己的挑战，我只有一次比一次努力。"

青春怒放的地方

成功的花儿，人们惊艳于它绽放的美丽，却很少关注当时浇灌它的泪水。在朱高峰不断感谢的运气背后，是他十几年如一日的坚持与面朝大海的奔跑。

当年，朱高峰第一天到单位报到，第二天就被派到了北仑港区四期集装箱码头工程工地。如今塔吊林立、集装箱密密麻麻的现代码头，那时只是茫无涯际的滩涂，没有水——喝水只能海边的咸味井水；没有电——正式通上电，要到港口建好的时候；没有固定的住所，就借住村民杂物间或空房子。甚至没有路。现在从宁波火车站过来的穿好高速公路近两年才开通，到中宅码头，只有一条两三米宽的砂石小路。项目部的小伙子们白天面朝大海，晚上头枕涛声。别说看电影交女朋友，就是进趟城、洗个澡都是奢望。

除了工作环境差，更挠头的还是政策处理问题。有的老百姓对于征迁补偿的不满，就全转移到码头建设人员身上。强占办公室、围堵吃饭地，"你要学会不管遇到什么情况都耐心地向老百姓解释政策，千方百计保证施工安全、质量、进度。"

做工程没有工作日与休息日之分，只要工程在进行，每天都是工作日，特别是海边台风等灾害性天气多，台风一来，就要整天的高度紧张，24小时待命。朱高峰一直梦想着有一天带妻儿做一次长途旅行，可是儿子现在9岁了，梦想还始终是梦想。

而监理职业对于个人知识储备也是严峻的考验。"一个好监理要什么都懂一点，才能有良好的协调能力，才能保证工程质量和安全。"所以，繁忙工作之余，朱高峰总是不断地自我加压、充电。他会利用一切机会学习别人的长处，利用一切可能的业余时间拓展专业知识面……通过不断努力，他已先后取得建设部"注册监理工程师"以及交通运输部"注册监理工程师"、"一级建造师"等证书。在担任工程监理的同时，他还积极总结实践经验，撰写了一系列高质量的论文，比如针对海堤施工易发生海堤失稳等问题而撰写的《软土地基海堤工程监测稳定控制标准探讨》，针对在围海造陆过程中需要处理的软土地基越来越多而撰写的《真空联合堆载预压施工工艺在宁波—舟山港地基处理中的应用》。面对越来越复杂的工程内容和管理要求，他时刻有一种紧迫感和危机感。

但不管有多少不易，朱高峰心里更多的还是自豪。从20出头到30多岁，他最年轻的时光都铺洒在这片海港。如今，站在北仑港区，一眼望不到尽头的集装箱码头，集卡车来回穿梭，密如繁星般的大小集装箱，每天停靠的数十万吨巨轮，古老的海上丝绸之路在这里焕发出勃勃的现代生机，那种壮观令人肃然起敬："我的同学都很羡慕我，不管钱多钱少，至少我参与过了,就像参与过三峡工程一样,真有一种开天辟地的感觉。我孩子和孩子的同学也很喜欢来码头参观,这时我会一边介绍,一边自豪:这里是全国最大的集装箱码头,是青春怒放的地方,是看得见的成长……

最美手记:

对朱高峰来说,怀抱梦想,一往无前。从年少时就向往世界大港,到伴着海涛走过一段段青春,参建一个个工程,见证一段段辉煌……经历是最好的财富,承担是最好的成长,朱高峰把青春献给了现代大港建设,现代大港也回馈给他丰盈充实的人生。

作者 陈 爱

爱岗敬业的监理标杆

蒋永忠，1969年出生，国家注册安全工程师。1990年毕业于江西吉安师范学校，成为一名小学教师。2000年，到杭州公路工程监理咨询公司，2011年升为监理部副经理。2012年，他主动申请调去杭新景高速公路J4监理办，担任安全监理员。他多次被评选为公司优秀监理员；2014年，被评为浙江交通质监行业十大最美监理人。

蒋永忠：磨砺中开出的"璀璨之花"

用蒋永忠自己的话说，"我有可能是这次活动中，最不积极的获奖人员。"的确，采访前我们曾多次联系他，都被婉拒了。在他看来，现在各种最美人物评选广泛开展，他（她）们许多感人事迹很是动人，而自己只是做了些应该做的本职工作，距离"最美"两字相差甚远。"与他们相比，我真的再普通不过。"朴实的话语更加重了这个人物的神秘感，我敢断定，他是个有故事的监理人。

一波三折终圆监理梦

出生于60年代的蒋永忠，红色革命根据地井冈山是他的故乡。像那个年代很多家庭一样，蒋永忠家境贫困，兄弟众多。父母一生勤劳正直，靠结茧的双手耕耘那片贫瘠的土地，养育了兄弟六人。

"母亲生下我的时候已经42岁了，为了尽快减轻家庭负担，我选择报考江西吉安师范学校，1990年毕业，成为一名小学教师。"教师这个职业受人尊敬，在当时已经是很多人羡慕的职业，而蒋永忠的理想是成为一名工程师。可惜，现实和理想差了十万八千里。直到五年后，蒋永忠才有机会被吉安公路段借用，虽然只是简单的工程材料整理工作，可他依然做得有声有色，因为那是踏上追梦之路的第一步。

可是好景不长，两年后蒋永忠所在的机构裁减人员，他下岗了。摆在他眼前有两条路，要么回去继续当老师，要么自谋生路。那时他又做了令人不解的大胆尝试：和几个朋友去云南承包工程项目。在他心里，隐隐约约有一个信念："坚持就能看到曙光。"遗憾的是，命运又没有眷顾这个固执的男人。1998年，工程质量保证金被骗，整整20万打了水漂。在当时，这个数字是很多人想都不敢想的。但他没有放弃自己，2000年，蒋永忠在同学的介绍下，来到杭州公路工程监理咨询公司，当了一名监理，这样一干就是整整15年。

2011年，因为工作踏实、业绩突出，蒋永忠被公司升为监理部副经理。然而这个满腔热血的实干人，习惯了将近十年的现场监理工作，对于办公室规律的生活，他感到浑身不自在。他迫切地想回到现场，回到那个让他热血沸腾的地方。

于是不到一年时间，他主动申请调到杭新景公路J4监理办担任了安全监理员一职。"其实很多从工作基层上来的同事和我有一样的感觉，但是只有我做了。我觉得只有在工地上才能让我真正感到踏实。"人们都在说每天重复做好分内的事情那是工作，只有做自己喜欢的事情那才是生活。蒋永忠虽然没有安逸舒适的工作环境，但是他的生活每天都充满滋味。

真材实料让人信服

2000年，蒋永忠来到公司的第一个项目就是衢州320国道改建。对于这个"门外汉"来说，要想真正让业主满意，施工方信服，必须拿出真材实料。

"刚起步的时候比较难，施工现场的每一个人都是我的师傅。"对安全监理工作不太熟练的蒋永忠，花了比别人更多的时间去观察，去操作。短短两个月，他就可以明确指出施工现场存在的安全隐患问题。俗话说"知其然，更要知其所以然"。"做监理工作不可以只告诉他哪里存在问题，必须拿出实际证据，解释清楚为什么这样不行。胡乱一说，没有凭证，别人怎么相信你？"

从龙游到航埠收费站60余公里路，蒋永忠一直靠步行进行水泥路面破板检查。炎炎夏日，每次业主巡查或路过，都能看到蒋永忠在现场工作的忙碌身影。"当我们把全线面板损坏情况的详尽资料递交到业主面前，获得他们的认可就是对我最大的肯定了"。渐渐的，业主对蒋永忠的监理工作，由质疑逐渐转变为称赞。

目前，蒋永忠在杭新景高速公路项目继续从事他挚爱的安全监理工作。他所在的J4监理办管辖13~16标，桥梁总长度5975.03米、隧道总长度7339米，安全管理难度非常大。施工高峰期有近万人同时工作，眼下工程即将结束，在这期间没有发生一起安全事故。

从事安全监理工作的人，大多数睡眠质量很不好，"我们经常半夜就会醒过来，尤其

蒋永忠在杭新景高速公路项目

是听到有警车或者救护车的声音,生怕是我们这里出现什么安全问题。"蒋永忠眉头紧皱,一提起安全,他身上所有的细胞都紧张起来了。"现在辖区里有1000根人工挖孔桩,安全管理难度巨大,有些桩基位于半山腰,无法实施机械作业,只能人工挖掘。"

为了第一时间掌握第一手资料,蒋永忠做到每根必查,有危险性大的,还要反复去几次。他头戴安全帽,走在半山腰,经常一走就是一上午,匆匆吃过午饭,下午继续作业。通往半山腰桩基的便道,有时行走非常困难,稍不留心就有滚落山下的危险。因为爬坡幅度大,腿部肌肉被拉伤也时有发生。

"安全管理每天都是新的,没有重来一说,所以要抓好每一刻。"现场查看边坡浮土、石块的清理、护壁的浇筑质量、吊具的安全性能、劳动防护用品的使用以及一些应急物资的准备情况……繁琐的工作进行下来,晚上躺在床上,整个人都累得无法动弹。可是第2天6点左右,蒋永忠又会重新收拾行装,继续新一天的安全监理工作。

险象环生的监理路

对他而言,美丽的千岛湖和他特别投缘。而在这里发生的故事,用"惊心动魄"来形容一点都不过分。

"可以毫不夸张地说,我见证了千岛湖公路交通发展的历程,也经历了很多。"2004年,蒋永忠去千岛湖的第一个项目,是环湖公路路面整治。驻地在里商乡一个交通闭塞的小山村,回淳安县城和去建德县城的时间一样,都需要2个多小时,岛上环境极差。"我到的时候,里面电视机什么的都没有,平时我们最好的放松方式就是和同事两个人下象棋。"环境的艰苦与乏味让这个地方成了很多同事不愿接手的"烫手山芋"。可蒋永忠二话不说,冲在了最前线。"到哪里都是一样,只要我选择了,我就必须坚持把它做下去!"时至今日,再提起当年的决定,他的眼里仍闪烁着坚毅。

而在千岛湖,第一次与死神擦身而过的紧张感,蒋永忠记忆犹新。淳安县城是遂安和淳安两个县城合并，从山底搬迁到现在的排岭镇，后来改名为千岛湖镇，地质非常复杂。遇到雨天，碎落石、滑坡、崩塌时有发生。

就在一次陪公司领导检查工地途中，突然遇到山体滑坡，半个山体一声轰鸣，与蒋永忠所乘坐的汽车只差数米。半晌过后，车上的人都没说一句话。后来临别时，领导一再叮嘱注意安全，阴雨天减少上工地时间。"那个时候我感觉到领导握着我的手比平时多了几分重量，我也知道安全监理更需要谨慎！"

从 2003～2010 年这七年中，蒋永忠负责监理淳安县大小县乡道砂石路面改造项目 10 余个，经常一天就要跑山路 180～260 公里，类似的"险情"也是时有发生，"可能我运气好吧，每次都可以化险为夷。"

在同事眼里，这个安全监理员还是一位见义勇为的好汉！2004 年 12 月的一天，蒋永忠和同事几个人从环湖公路工地检测完回淳安县城。当时夜色降临，整个千岛湖笼罩在黑色的薄纱里。车子行驶到经过毛竹源路段时，细心的蒋永忠发现路边有一位出租车司机在呼救。

过往的车辆很多，但是都没有停下奔驰的脚步。就在这千钧一发的时刻，蒋永忠和检测单位的余爱飞、公路段施工单位的邵文光两位同事毫不犹豫停下车冲过去。

走过去才发现，司机的脖子已经被刀割开几公分，鲜血不断往外涌。这时候，劫匪一手挟持出租车司机，一手挥着长刀向他们挥舞，就在几个人返回车里去取钢钎准备和他搏斗的时候，劫匪纵身跳进千岛湖的芦苇丛中逃走。

后来，出租司机被赶到的救护车救了一命。接到蒋永忠的报警后，淳安县联合建德市出动武警、水警等千人，最终将那个网上通缉的惯犯擒拿归案。一时间，蒋永忠和同事们勇救出租车司机的惊险故事在当地流传开来。

蒋永忠离开千岛湖后，时隔多年，公司同事去当地的工地检查，还有不少淳安交通部门的人问起蒋永忠的情况，这让他心里暖暖的。"去年 12 月，我陪个好友去千岛湖，路上遇到一个人，他端详了许久，直呼我的名字。"后来他才记起那位故人是浪川乡一个领导，现在已经是县渔政局领导。"因为当时全县各个乡镇兴建康庄工程，受交通局康庄办邀请，我经常去做些义务指导，足迹几乎遍布了全县各个行政村，可能就是那时候，和各个乡镇领导留下了深刻印象。"蒋永忠有时经常开玩笑"冒充"淳安人，不仅能说上几句淳安话，还能把一连串的村名报上来，让人信以为真。同事们直呼："你真是比一般淳安人还了解淳安啊!"

15年的监理生涯,15年的风霜雨露。情怀不移、本色不变。蒋永忠一直埋头在安全监理工作的第一线,他没有气壮山河的壮志豪言,也没有惊天动地的伟大业绩。但他用真实、苦干、奉献,为交通质监行业保驾护航!

最美手记:

"三人行必有我师"。作为记者,每次的采访,都会让我从采访对象身上学到很多可取之处。蒋永忠最大的闪光点就是真实。在这个虚假包装尤其多的时代,原汁原味的真实尤为珍贵。做自己想做的,坚守初衷,不变本色。斗转星移之间,奇迹自现。

作者 李 冉

第三篇　爱岗敬业的监理标杆

爱岗敬业的监理标杆

陶有为，1976年出生。2000年，毕业于长安大学交通工程专业。2003年，离开工作了三年的东北老家，来到金华市公正交通监理咨询有限公司。目前担任磐安县42省道改建工程总监。

2010年，他被浙江省交通建设监理行业协会授予浙江省优秀监理工程师称号；2012年，被东永高速投资有限公司评为优秀监理工程师；2013年，他参加了全省交通建设工程安全生产知识竞赛，获得个人一等奖；2014年，被评为浙江交通质监行业十大最美监理人。

陶有为：一锤一锤钉钉子

如果要用钉子来形容某个人的一种精神，你第一个会想到谁？有人说，雷锋。是的，雷锋曾说，要靠钉子钉木板的精神，挤一挤、钻一钻。对于陶有为而言，干事业好比钉钉子，钉钉子往往不是一锤子就能钉好的，而是要一锤一锤接着敲，才能把钉子钉实钉牢。自2003年3月从事公路工程监理工作以来，陶有为就像一颗钉子一样，一锤一锤地把自己敲进了公路监理这个行业的深处。

因桥结缘监理

与陶有为约好10点在高铁站碰面，比预定时间早些的他，发来一条短信："我在高铁出站口等你。"不久又补充："我上身穿灰色T恤，背个小包。"似乎还不放心，又加上了："肤色比较黑的，就是我了。"还没碰面，我已经莞尔："呵呵，看来是一个操心的人。"

果不其然，后来在采访中了解到，在他经手的项目中，他总是比同事到工地更早，离开更晚。6月底的清晨，不到8点，太阳已有些火辣，陶有为一大早就来到磐安县42省道改建工程一期建设工程的现场，通过加强巡视，发现施工过程中的些许问题。"让质量问题消解在萌芽状态，通过事前监理发现问题苗头，这样施工单位也容易接受一些。"一句轻描淡写的话，却凝聚了12年监理工作累积的功底。

2003年,大学毕业后已经在吉林某市政施工企业工作了三年的陶有为,得知在浙江,正在建造一座义乌江大桥。"我就是特别喜欢桥梁。而在吉林,我参与的都是陆地上的立交桥。有这么个机会,可以参与建设江上的桥梁,我很好奇,又很想学点东西,所以就很想来尝试一下。"

这一尝试,就试了12年。在这12年里,他先后经历了03省道与330国道连接线工程、义乌市凌云立交桥工程、磐安县磐新公路夹溪特大桥工程、金华市婺城区虹戴公路工程、东阳市怀万线二期公路工程、东永高速公路工程永康段和磐安县42省道改建工程一期建设等工程项目。不少工程都涉及桥梁的监理工作。通过对公路工程道路桥梁施工质量的技术管理,他积累了丰富的公路工程专业技术理论基础知识和实践工作经验。

由爱而生执着

带着这份对于交通工作的热爱,他一天一天地成长,专注于每一个工程,积累了经验的同时,也吃了不少苦。

印象最深是在2004年,当时,他负责义乌市凌云立交桥工程的监理工作。"桥采用混凝土现浇梁施工,要求全程旁站来监控质量,有时一站就是四五个小时。后来有一天,我发现小腿胀胀的,去医院检查了下,才发现自己得了静脉曲张。"即使如此,陶有为并不觉得辛苦,"那时候常常加班到12点,工作完马上就睡着了,根本没有时间去考虑辛苦不辛苦,就是单纯地想把一件事情做好。"

汗水撒在何处,收获就会在那里。"现在每一次经过义乌的这座桥,都会充满自豪感。"对于施工企业而言,是自己一手一手建起了这条路;对于监理而言,则是一步步确保了这座桥的质量与安全。

陶有为在工地

要做好一个"称职"的监理,光自己吃苦耐劳、认真负责还不行,还得深谙"沟通"的艺术。用陶有为自己的话说,是从一个"暴脾气"的汉子,成长了一名会对施工企业摆事实、说道理的,懂协调的人。碰到那些存在隐患的问题,10年前,他可能会发火吼道:"这个不行,马上给我整改。"10年后,他则会和施工企业好好沟通,告诉他们,这样做有什么问题,如果不整改,会有什么隐患。这样,施工企业更易于接受,施工的进度与质量也有了保障。

若干年的工程监理做下来,在金华的交通建设监理行业内,陶有为已经小有名气,不少重点工程的业主会指明要他,希望由他来担任自己工程的总监。陶有为成了公司年轻人中的一块"金字招牌"。

由严而生荣誉

对于公司而言,这块"金字招牌",最可贵的品质就是廉洁自律。

"老实说,现在做交通监理能真正沉下心来,踏实做事的人不多。能在一个地方一干就干12年,又干得那么出色的人,更少。很多年轻人做了一个项目就换一份工作,甚至一个项目没做完,就跳槽到别家单位。也有一些监理人员也许收了些施工企业的小恩小惠,在工程的质量把控上就放松了。陶有为就绝对不会这样。"公司的前辈张通才这样评价他。

虽然,平时生活中的陶有为有着年轻人的活力与幽默,但是对于工程质量,他是绝对严肃且一丝不苟的。这种正派行为的后果就是,有人在背后笑他"憨"。这些闲言碎语动摇不了陶有为的原则,"对工程负责,也是对企业,甚至是对国家负责。做监理的,口碑很重要。"

因此在工作中,他始终坚持"守法、诚信、公正、科学"的行业标准,严守"严格管理、优质服务、科学公正、廉洁自律"的十六字方针,事前督促、事中检查、事后验收。通过测量、旁站、巡视等有效的监理手段,完成了每一个监理任务,他的才华也被众多业内人士看在眼里。

不是没有机会跳槽,有事业单位,甚至年薪高过现在薪水一倍的施工企业向他抛出过"橄榄枝",他却选择拒绝:"比起物质条件的优厚,我更在乎精神方面的充实,以及可以证明自己的价值。我始终记得刚来公司的第一年,原来的单位也想让我回去做。这时,企业董事长跟我谈心,让我感受到这是个'能者居上'的企业,只要好好做,就会有机会。这么多年做下来了,让我更加坚定了。一项项工程做下来,产生的成就感,远远超过了干这件事时的辛苦。"

如今,陶有为已经是公司年轻一辈的顶梁柱了。工作之余,他也会看不少书籍,但大多是与专业相关的技术书籍。前几年开始,他还给自己征订了《交通科技报》,不断扩充自己的业务知识。虽然获得不少个人荣誉,但是他仍然谦虚地说要向前辈多学习,如何调动手下监理人员的积极性以及如何更好地掌握内部管理的方式方法。"我们是公司培养出来的一批人,接下来,除了自我学习外,也该多为公司培养新的人才。"

钉钉子背后的故事

干事业好比钉钉子。钉牢一颗再钉下一颗,不断钉下去,必然大有成效。然而,要持之以恒的钉好钉子,还是需要一定的外力支持。是的,该说说他的家庭了。

这是一个很典型的交通建设者的家庭。与女朋友分隔两地多年,33周岁时,女朋友终于放弃大连的旅行社事业,来到金华支持恋人的这一份工作。于是,结婚,生子,恋人变爱人,与家乡的长辈天各一方。婚后,为了照顾孩子,妻子又一次放弃了自己的工作。

在陶有为的思想中,钉子还有另一层意思,就是钉子一旦钉在什么位置,是不会随意挪动的。对于他而言,工作、生活都是如此。他说,也许他会一直从事这份工作,因为监理虽然累,但是至少目前负责的大多数工程都在金华。"这样,至少在家人需要我的时候,我可以第一时间赶回家。这或许是我能为这个家做的为数不多的付出了。"

> **最美手记:**
>
> 陶有为的不同,就在于他用认真和执着,将对这份事业的爱,如敲钉子般,一锤一锤敲进负责的每一项工程。他用自己的行动告诉我们:一直认真,事事认真,一定没有做不好的事情。生活中没有那么多的波折,不是所有人都能成为吴斌,在这样的平凡中坚守着,努力着,已经是最美了。
>
> 作者 陈 佳

爱岗敬业的监理标杆

张锦川，1970年出生，现为温州市交通工程咨询监理有限公司质监部副经理。从业近20年，参与了330国道复线、104国道永嘉乌牛段改建工程、苍南龙金大道建设工程等8个工程。

他曾荣获浙江省交通建设监理行业协会授予的"优秀监理工程师"、温州市人民政府授予的"先进个人"等近20项荣誉，发表多篇论文。2014年，他被评为浙江交通质监行业十大最美监理人。

张锦川：那些年我们一起成长

"我是1996年来到温州市交通工程咨询监理有限公司的，而温州的公路监理是从1995年开始的。从毫无头绪到井然有序，可以说我是跟着温州交通监理公司一块儿成长的。"在一个雨后的清晨，在一张摆满了材料的办公桌旁，一个皮肤黝黑、浓眉大眼，看着比实际年龄小了至少有十岁的男人对我如是说道。他就是我们今天的主人公——张锦川。

转变：从技术员到监理员

"在1996年之前我在做技术员，跟着项目、工地走。我们那个年代，工地上的人，没几个是从专业院校毕业出来的，大部分人都是在工地上跟师傅学的。"在我问及是什么契机让他开始从事监理工作时，对面的张锦川抿了一口茶，开始陷入深深地回忆。

"我记得是1996年的夏天，以前工地上的同事回来找我，说是温州现在有一家交通工程监理公司，是帮助业主监管工程的，工作很稳定，问我要不要去。我当时就想，交通工程监理听起来挺新鲜的，又是国企，稳定。所以就义无反顾地跟着同事来到了现在的单位。"

从技术员到监理员，从项目的实际操作者到监管者，工作性质的转变对当时二十出头的张锦川是一个挑战。

"最大的难度在哪里?"我问他。

"应该是知识储备量。就像数学里集合与元素的概念一样,技术员的专业知识是一个元素,被包含在监理员的专业知识的这个集合里。而监理员这个集合,还需要经济知识、法律知识、管理知识以及更详尽的技术知识等各式各样的其他元素。所以在角色转换之后,对我而言,最难的是要开始快速地补充大量的知识,集齐其他元素。"张锦川答道。

看似轻描淡写的回答,却饱含辛勤的汗水。在事后采访张锦川的家人时,谈起那一段时光,我才知道这句话的背后影藏了多少彻夜未眠、通宵达旦。

"最初那几年,老张就像现在的高考生一样。双休日从工地回来,啥也不干,埋头就看书。从白天看到晚上,开始我还跟他打趣说'你怎么看了一天才看那么点',他回我说'你当是在看小说呢,都是要背下来的'。后来,到晚上11、12点了他还在看,凌晨1、2点了,眼皮子都打架了他还在看。我就开始心疼了,在外头忙活了一个礼拜,难得回家也不知道好好休息。"说到这里,张锦川的爱人不禁唏嘘了起来,"我劝他慢慢看别着急,他却跟我说怎么能不急,都是马上要用到的东西,现场监管不能出一点纰漏。"

除了去施工现场,张锦川常常在电脑前学习

就这样,在最初的几年,张锦川除了做好现场监理工作,剩下的时间就是用来补充知识量。这个习惯直到他做到了总监也没有丝毫改变,他总是对刚到单位的年轻人说:"学无止境,多看书吧,我们要学的东西还有很多。"

艰辛:既是脑力活又是体力活

在补充海量知识的同时,张锦川日常的工作也丝毫不轻松。

"做监理员之后工作是不是比技术员轻松多了?"我问他。

"其实也没有,我们的工作内容中有一项叫做'旁站',就是施工人员在施工,监理员要在一旁监督、抽查。2004年的夏天,当时我是金丽温高速公路永嘉鹿城段工程的1名桥梁监理员。有一次,施工单位要在一天之内完成6根桥梁桩基的混凝土浇筑。那天我早上6点钟就来到了工地，在旁边看着他们浇筑。6根桩基分别由6个小组轮流浇筑，每个小组大概浇筑两三个小时吧，他们浇筑完自己的桩基就可以去休息了。但是旁站的监理员只有我一个，我得盯着。等所有桩基浇筑完已经晚上11点了。"张锦川说。

你能想象吗？在大夏天十几个小时站下来，衣服是干了又湿，湿了又干。施工人员还能三班倒，监理员却一直坚挺地站在一旁，又有谁能说他们不辛苦？

"当时会觉得撑不住了吗？"我问道。

张锦川不好意思地笑了起来："现在倒是会真的吃不消，但是那时候不是还年轻嘛。不过旁站到中午，日头正烈的时候是会有些晕晕乎乎的。那时候就只能不停地掐自己，让自己时刻保持清醒、瞪大眼睛，告诉自己'我是来监督的，不是来干站着的'。不过等到那天旁站完，回到工地的宿舍后，我衣服都没脱，倒头就睡了。第二天醒来，同宿舍的同事还笑话我说：'你前一天晚上的呼噜声真是响得惊天动地。'"说到年轻时的趣事，张锦川显得兴致勃勃，"虽然很累，但是都是值得珍藏的回忆。"

压力：美丽的背后

年轻时流下的汗水，造就了我面前这位泰然自若、侃侃而谈的张锦川，在谈及进公司近20年来最骄傲的作品，张锦川不假思索地说出了"雁楠公路"。

"雁楠公路"是连接乐清市和永嘉县北部重要的旅游交通干线公路，是浙江省公路水路交通"十一五"规划建设项目。它不仅缩短了雁荡山、楠溪江两大国家级景区的交通距离，改善了通行条件，还起到了沟通诸永高速永嘉段、甬台温高速乐清段和甬台温高速公路复线的横向联系的作用，提高了现有104国道、41省道的通行能力，对促进永嘉、乐清旅游事业及经济社会发展都有着十分重要的意义。

现如今的"雁楠公路"，可以说是温州最美的公路了。笔直的柏油路，两边绿树成荫，沿线溪水淙淙，一个接一个展现瓯越风情的雕塑，总是在一个不经意间让人心醉神迷。但，正如我们所知道的一样，美丽的事物总是来之不易，"雁楠公路"背后的艰辛自是不言而喻。

"温州市乐清雁荡山至永嘉楠溪江公路工程是我做总监的第一个项目。当时觉得难，真的很难。"张锦川说。

到底难在哪呢？

一个是工期，"雁楠公路"原定2009年开工，施工队也在同年进驻工地。但是项目由于受政策处理工作影响，工程从 2009 年拖到了 2011 年，才步入正常施工轨道。两年，这在一般人听来只是一个不痛不痒，没有什么冲击力的数字。但是对当时身为项目总监的张锦川来说，却真正是度日如年。

"由于工程不能正常施工，就等于承包人没有了收入，但相应的人员工资等管理费用每天均需要支出，也可以说承包人的成本'噌噌噌'的就上去了。尤其是 2010 年以后，工、料、机费用大幅上涨，施工成本大大超出承包人投标价格。为此，我带领监理办人员经常深入现场，及时做好与业主、承包人等的沟通工作，尽力化解双方矛盾。在平时，我们尽量避免对承包人一味地'管'，而是在工作中真正地做到'监、帮、促'相结合，帮助承包人采取措施，减少不能正常施工而带来的损失，同时指导承包人收集相关的费用补偿的依据，并及时公正合理地给予签认相关凭证。也正是由于我们严格按照合同及以往施工公正地处理各方争议，赢得了业主和承包人的信任和对监理工作的支持，保证了监理工作的顺利进行。2011 年 11 月份后，政策处理工作基本完成，施工进入正常，为了能把前面延误的工期最大限度地进行挽回，特别是到了后期路面、交安、绿化工程等全部开始施工后，我几乎是每天加班到深夜，帮助承包人修改施工方案、确定施工计划等。正是由于我们的不懈努力，最后路面工程比原合同工期提早半年完工。"张锦川说。

"雁楠公路"让张锦川获得了业主单位和施工单位的一致好评，项目经理更是给出了"从来没有遇见过这么不偏不倚的总监"的高度肯定。耐心和同理心让他当好了这个不好当的中间人，而责任心则为"平安工地"保驾护航。

"安全。'雁楠公路'是盘山公路，上下边坡陡直且高，原有道路狭窄，还不能封闭施工，路基开挖施工时随便滚下个小石块，砸到下面行驶的车辆，都有可能变成大事故。还有，桥梁施工是在峡谷中，最大墩高达 40 多米，因此整个工程的施工危险指数非常高。"讲起这段经历，从采访开始脸上一直带笑的张锦川，不知不觉地严肃了起来。

"那怎么办？"。

"我们能做的就是不停地加强预防。在施工的最初，项目部会编制一个专项安全施工方案，结合我们通过长年累积的经验，以及现场踏勘，对方案进行细化和调整。之后每天去现场，检查承包人是不是严格按批准的方案去落实。如果没有落实到位，马上责令他们改正。"张锦川说。

"您自己每天都会去吗？"。

"当然，安全是施工过程中最重要的一环，也是最难把握的一环。作为总监，我一定要把这个责任扛起来。"张锦川答道。

张锦川入行近20年，参与了多个工程的建设，经手的项目，从来没有发生过一起质量安全事故，这跟他舍我其谁的责任心是分不开的。在采访结束的时候，他跟我说："我今年46岁，不出意外的话，还能再干个十几年。'雁楠公路'是我的代表作，但我依然会用心做好之后的每一个工程。因为我相信我们的水准，是由最后一个工程决定的。"

最美手记：

每一个监理人乍看之下都是相同的，但是细品之下却又各有各的不同。张锦川的美，就犹如在采访前他为我沏的那壶陈年普洱，经沸水洗礼越发香醇，入口虽苦，却有回甘。温温润润，不急不躁，是岁月的沉淀让他越陈越美。

作者　胡梦珂

爱岗敬业的监理标杆

金晓龙，出生于1976年，1996年，他从金华县交通工程质量监理所一名现场监理员做起。19年间，他先后参与杭金衢高速金华段、永康西溪至磐安新渥公路（磐安段）、42省道磐安县下葛至潘潭段改建项目等十多项重点工程，并从普通的监理员成长为专业监理工程师、总监理工程师、总经理。

因业绩突出，他连续多年被评为公司先进个人；2005年，他荣获"金华市优秀监理人员"称号；2014年，他被评为浙江交通质监行业十大最美监理人。

金晓龙：梅花香自苦寒来

他是土生土长的金华人，刚走出校门就踏进了交通工程监理的圈子；他抛弃了当年的"铁饭碗"，把最宝贵的青春岁月，谱写成了一首首关于公路、桥梁、隧道的赞歌。

丢弃"铁饭碗"，下了工地

金晓龙，在金华交通监理的圈子里是个老熟人了。

今年40岁的他，圆头圆脸，坚挺的鼻梁上架着一副轻质的黑框眼镜，典型的"工科男"形象。肤色上印留着多年积累的黝黑，中等的个头，走起路来孔武有力。目前，他的职位是金华市通达交通工程监理有限公司的总监理工程师、公司总经理。

时光回溯至1996年，非交通专业的金晓龙一脚刚迈出学校的大门，另一脚就踏进了金华县交通工程质量监理所，成为一名工地现场监理员。这个角色的转变是他自己不曾预料的。终究是在父亲的影响下，金晓龙扛着工具，跟着师傅天天摸爬滚打在工地上，住的是简易宿舍，吃的大锅饭。"那时候年轻，不觉得多苦，跟在师傅屁股后面，学这学那，还过得挺充实。"金晓龙回忆说。

2002年，一件大事笼罩着全中国——事业单位改制。这一年，许多事业单位职工纷纷被"买断"、下岗或转行。很快，金晓龙所在的金华县交通工程质量监理所濒临"改制"，

第三篇 爱岗敬业的监理标杆

是转到相对稳定的"铁饭碗",还是留在改制后的小监理公司?几个月之后,这个原有13人的事业单位团体便有一半人转去了其他部门,最终只剩下6个人留在了改制后的公司,而金晓龙就是公司里的那六分之一。

在参加工作后的第6个年头上,金晓龙丢弃了"铁饭碗",带着一种坚韧和信念,带着些许的犹豫和未知,每个月仍然在家和工地之间穿梭往返。

"有人劝我,家人不理解,其实我就是不舍那6年的青春和融入骨子里的监理情节。"

穿棉袄出去,穿衬衫回来

对于金晓龙来说,都市的灯红酒绿、花前月下,是遥远的故事;风餐露宿、通宵达旦,却是一种平常事。

1999年,金丽温高速公路前期设计测量中,金晓龙徒步将近80多公里,历时3个多月,一路横跨婺城、武义、永康、缙云、丽水五个县市,把交通人的影子洒在了金丽温高速的青山绿水间。"穿棉袄去,穿衬衫回。"是金晓龙的自我调侃,而这样的例子在他的记忆中不胜枚举。

2003年,罕见的高温天气成为很多人记忆中难忘的一部分。8月份,近40摄氏度的高温持续笼罩着浙中大地,天气异常干燥闷热。潺潺的溪流变得干涸,长满青苔的石头裸露出来,山边的树木被晒得低下了头,知了也叫得有气无力。

就在这年夏天,金晓龙被分配到武丽线一期改建工程的工地上,从事路基和桥梁的监理工作,因为离家较远,吃住都在工地上。八九月份的天气,灼热得犹如火烤,工人们的脸上常常裹挟着汗水和粉尘的混合物,金晓龙的工作,则是只要施工他就得到现场,连续几个小时的工作往往让皮肤晒得起了泡、背心衫上结成一道道盐痂。

"那时候条件差,没有空调,电风扇吹的是热风,衣服一天都是湿的,要不停喝水。"到了晚上,金晓龙和同事们把凉席泼上一盆凉水,躺在上面,才能勉强睡1~2个小时。而为了避暑,工地上常常晚上施工,有时候甚至连续数个昼夜"连轴转"。"空了就睡会,

在施工现场,金晓龙不放过任何一个细节

睡不着就坐着打个盹。"在那几个月里,金晓龙说自己整整瘦了10来斤,人黑了一大圈。

"有一次婺城区箬阳乡修一条村路,拉设备的微型车根本开不进去,我们只能肩扛设备,徒步3个小时走到工地上。"金晓龙回忆,那时候进出一次要很久,所以他就住在老乡家里,老乡待他如自己亲人,还让他第一次觉得肩上的责任如此沉重。

"那时候我小孩刚满1岁,工地上通讯又不方便,每天躺在床上望着屋顶想象着孩子的模样,掰手指计算着回家的日子。"

成竹在胸,方能大有可为

提起金晓龙的专业知识,同事们都要比喻他是一个"百事通"。

在专业的道路上,金晓龙其实并没有一开始就给自己树立一个个高高的目标。在他看来,踏实勤奋地做好每一件事就是成功。然而,成功总要付出代价,在成为总监理工程师、总经理这条道路上同样没有捷径,金晓龙印证了一分耕耘一分收获这个道理。

2010年,金晓龙所负责的监理项目——永康西溪至磐安新渥公路工程(磐安段)永加隧道在距离洞通仅剩70米的地方,因地质条件突变发生塌方,当时已经是总监理工程师的金晓龙主动提出:进洞查勘。"进去,的时候上面的土石还在不停地往下掉,里面光线又不好,很危险……"回想当时的场景,金晓龙的同事们还心有余悸。然而,凭借着多年的专业经验,金晓龙不仅准确地预估了地质情况,而且积极与业主、设计联系确定了采用"自进式管棚"的支撑方案,同时对塌方空腔实施注浆措施,稳固围岩。由于处理妥善,整个事件未发生一例人员伤亡,并顺利通过塌方区域,保质保量地完成隧道施工。该项目还最终获评优良工程。

19年的监理一线工作,给了金晓龙丰富的专业理论基础。但平日里,他还是会"忙里偷闲",自学摸索,做到对公路工程的相关规范、标准、试验规程烂熟于心。同事们有问题只要问他,他几乎马上就能想到相应的规范,是个人人夸的"活宝"。

冰冻三尺非一日之寒。在成为公司的业务技术骨干之前,金晓龙认真、高效、保质保量的工作是被大家公认的。在其任职总监理工程师期间,所负责的数个监理项目均被评为优良工程,他也因此在2010年,被金华市通达交通工程监理有限公司提拔为副总经理。

角色转变,做一名与时俱进掌帆人

14年监理员、专业监理,4年副总,一年总经理……翻过山、渡过海的金晓龙,已然从一名专业技术人员转换成为一名管理者，角色的转变，再次逼他做出改变。

"专业技术是一个层面，管理经营完全是另一码事。"金晓龙直言不讳自己的工作感悟。

42省道磐安县下葛至潘潭段改建工程第二监理办，是金晓龙目前在负责的一个项目。在这个项目中，他根据项目的特点进行自我创新，建立、健全了监理组织机构，制定和完善了一系列内部规章制度和考核办法，把平日里的"监"变成了"制"，每一项工作均按照流程"打分"考核，对不符合要求的一律喊停。他还通过加强事前管理、事中控制等方式，在保质、保安全的前提下，为工程进度的顺利开展出谋划策。金晓龙的"一心一意"消除了施工单位的"三心二意"，受到了业主及主管部门的一致好评，他也成了众所周知的"金牌"监理人。

"敬业、奉献、严谨、勇气、廉洁。"金晓龙给自己列了十字箴言。在向管理者角色的转变中，金晓龙说自己一直秉承这一信条。"把责任心摆在第一位。"每有新员工，金晓龙都如此告诫。面对管理工作，金晓龙总结了四句话：人员素质提升是关键、质量安全监理是核心、监理工作标准化建设是方向、建立健全廉政工作是保障。

尽管做了管理层，但金晓龙还是保留着下工地的习惯。每隔几天，他都要亲自到现场巡查，"一线才是发现问题，解决问题的地方。"金晓龙说。

一组数字或许可以佐证金晓龙的踏实业绩：在他任职副总经理以来的五年间，金华通达交通工程监理有限公司的产值从2010年以前500万～800万元，增长至如今的1500万～1800万元，几乎翻了两番。

铁面无私还是铁汉柔情？

监理工作不光需要丰富的专业知识、吃苦耐劳的精神，而且有时候还要忍受被施工单位误解的"故意刁难"。

2010年，永加隧道塌方施工中，为了确保工程的万无一失，金晓龙和同事们坚持对工程的质量严格把控，在施工方看来甚至是几近"苛刻"。为了工程能安全合格完工，金晓龙顶住压力，给施工单位划下了"红线"。期间，施工单位还由于不理解和出于对利润和工期的担忧，一度发生殴打监理人员的事情，然而，金晓龙和同事们没有低头，用肩头的责任扛住了内心的压力，换来工程的优质、安全。

有人说金晓龙铁面无私，但记者发现这样的铁汉也有柔情。

金晓龙与女儿

1999年,忙在杭金衢高速土建工程工地上的金晓龙,一年里,回家的次数只有5次,每次最长3~5天时间。"不记挂父母是假的,不觉得苦也是假的,只有我自己知道。"他说,"曾几何时,也对职业有过情绪和波动,但每一次的收获都告诫我坚持再往前一步,就会有更好的风景。"

最美手记:

正如金晓龙自己所言,或许没有当初的坚守,或许就不会有今天的成绩。梅花香自寒苦来。如果没有当年抛弃的铁饭碗,没有工地里的摸爬滚打的实践,或许也不会有今天在质监道路上的"顺风顺水"。金晓龙的故事,犹如一本励志传记,虽没有惊天动地的感人章节,却写满了最真实的耀眼色彩。

作者 郑宗祥

爱岗敬业的监理标杆

柯建青，1972年出生，1995年参加公路工程监理工作。在19年的监理工作中，他分别经历了现场监理员、监理组长、专业监理工程师、副总监、总监等现场监理办的所有岗位。参与了台州境内3条高速公路的建设以及104国道温岭泽国段复线等台州市主要干线工程的监理工作。

2009年，他被评为台州市交通系统第四届115拔尖人才第三层次，台州市交通系统优秀监理工程师；2011年，他被评为台州市交通运输局优秀党员。2014年，他被评为浙江交通质监行业十大最美监理人。

柯建青：铁面无私的"台州交通工程大名人"

"老柯是个热爱工作的人，在他身上我们知道了什么叫作敬业。""柯总做事很认真，是我们年轻人的榜样。""柯总专业非常棒，经验丰富，严于律己。"……这是身边同事对柯建青的评价，从中不难看出，柯建青是一名工作认真，专业过硬的监理人。

就在夏日的一个夜晚，记者终于见到了这位同事们视为榜样的总监，也了解了这位总监背后那些不为人知的故事。

只有源头干净了，接下来才会纯净

1995年，是柯建青刚刚参加工作的第一年。与许多刚参加工作的"毛头小子"来说，这是充满激情的一年，同时也是"初生牛犊不怕虎"的一年。也就是这一年发生的一件事，让柯建青在台州交通工程建设中成为"名人"。

这一年，柯建青参与了甬台温高速一期工程。在监理过程中，他运用自己的专业知识指导着这项工程的有序进行，但是却发现，现场使用的沙子不合格。他立即通知项目部，要求换掉不合格的沙子，却由于沙子供应商为当地人，坚决不肯调换。在多次沟通无果后，供应商甚至带了一帮社会青年来到现场，警告柯建青如果再坚持下去，就得受皮肉之苦。年轻的柯建青并没有害怕，而是坚定自己的立场，并将这一情况告诉了指挥部，最终不合格的沙子被清了出去，工程的质量也有所保障。

坚持保障工程安全，无论哪个环节都不能有瑕疵，是柯建青一直以来的坚持，而这个坚持，从刚参加工作，一直到现在，整整快20年了。"我不怕什么威胁。这么多年下来，我的脑子里想着就是只有工程保证了质量，之后的工作才能顺利进行，这是作为一个监理人最基本的职责。"每当问起他，为了坚持原则而被人威胁时的想法，柯建青总是淡淡地说，只有源头保证了"干净"，接下来的一切才会"纯净"。

也正是柯建青的严格认真，让他在业内得到了好口碑。在近20年的监理工作生涯中，他参与了台州境内三条高速公路的建设以及温岭市泽太一级公路、石松一级公路、104国道温岭泽国段复线、76省道温岭城东段改建、35省道临海段改建、玉环绕城公路等台州市主要干线工程的监理工作，对施作过程中的每一个工序环节都仔细检查，没有丝毫的松懈。而当遇到关键工序，他亲自上阵，一旦发现不符合要求，现场就要求业主返工处理，绝不姑息。

只有自身过硬了，做事才能有底气

柯建青在现场，通过勘察，发现该项目原有的设计规划造价成本较高，如果通过增加桩的数量、减少桩的直径、改嵌岩桩为摩擦桩的方式，则可以有效节约成本。他将发现告诉了项目相关部门，在一开始的时候，并没有得到大家的认可，但是他坚持不懈，一路沟通解说，最终得到了业主的同意，为项目节省了造假成本400多万元。

"其实可以完全不管这个事的，可是您还是坚持向业主提议。就算一开始得到的答案是否定的，您也坚持，这样不觉得给自己添麻烦吗？"面对着记者的疑惑，柯建青用他一贯的淡定风格说，"我监理的每个工程都像是我的孩子，我希望我的孩子在每个环节上都能做到最好。我也喜欢在最快的时间，最少的成本下，做出最精品的工程。"

正是有丰富的经验，过硬的知识，才能说得出最自信的话语，做出最好的工程。而柯建青的"硬气"，也是一点一滴积累起来的。

自1995年8月参加公路工程监理工作以来，柯建青在19年的监理工作中，分别经历了现场监理员、监理组长、专业监理工程师、副总监、总监等现场监理办的所有岗位。正是担任过许多岗位，为柯建青积累了丰富的经验，熟练掌握各项工程技术要点，并严格按设计标准和规范要求，监督指导施工。

在学习之余，他还坚持每天都在工地巡视，早上班、晚下班，一旦出现问题，就在最短时间内解决。在施工现场，只要他在，基本就不会有问题。而在工作之余，他利用晚上的时间，不断吸取新的知识，熟练地掌握了监理相关的法律法规，人称"移动的法律字典"。也正是他坚持不懈地学习，让自己的专业知识得到了不断升华，使经管的工程质量安全始终处于受控状态。

只有家人的理解，才有铁汉子的温柔

2015年，柯建青在温岭81省道进行着监理工作。和以往一样，为保证工程质量安全和防止意外，晚上也要巡视，工作时需驻地，基本都是住在工地里，半个月休息一次。

柯建青家在仙居，时常因为工作而回不了家。"妻子在家打点好一切，孩子的学习都靠她在看着，对于这个家，我是愧疚的。"说到家庭，柯建青和所有投身于工作的父亲、丈夫一样，对妻子孩子充满了愧疚。

柯建青有个乖巧的女儿，今年11岁了。"有时候一两个月回家一次，她小的时候刚刚和她玩熟了，又得去工地。过了一段时间回来又不认识了。等她长大了，读书了，知道我的工作后，她别提有多自豪了。"讲到女儿，这位铁面无私的柯总眼里满是温柔，"她和她的小伙伴们说，'我的爸爸是造路的，我的爸爸是造桥的。'以至于我虽然没有去参加过她的家长会，但是却在孩子们眼中成了'传说'，都是我女儿给'吹'出来的。"柯建青告诉记者，有时候冬天天冷的时候，晚上在工地巡视，会接到女儿的电话，听到电话那头女儿甜甜的声音"爸爸天冷了记得多穿衣服哦"，什么都值得了。

最美手记：

第一眼看见柯建青，给人的感觉就是踏实。在我们外行人看来非常辛苦的行当，在他眼里都是"小菜一碟"。他是一个沉默寡言的人，但当他讲起自己的职业时，却滔滔不绝，让周围的人能真切切地感受到，他对工作的热爱。20年的监理工作为他打下的坚实基础，以及他铁面无私的工作态度，更是让我们在他监理的范围里，感受到无比的安心。

记者　薛丁菲

爱岗敬业的监理标杆

韩飞，1979年出生，2003年成为了205国道常山段公路改建工程的一名试验监理员。2012年，韩飞担任江山至广丰公路（浙江段）工程总监理工程师。

2007~2009年，韩飞连续三年度被公司评为优秀员工。2014年，他被评为浙江交通质监行业十大最美监理人。

韩飞：把他乡变家乡 家乡变"故乡"

他是土生土长的江苏镇江人，却说得一口地道的江山话；他不爱清淡偏甜的淮扬菜，却甚爱口味咸重的衢州菜朋友圈里80%的好友都是衢州人。

勇：背井离乡 独闯"江湖"

提起韩飞，江山交通系统的人无人不知。酱色的肤色，偏瘦的身材，个头中等，鼻梁上架着一副眼镜，略带书香气，但却又和肤色不符。而他就是江山至广丰公路（浙江段）工程的总监理工程师。

2001年，学习会计专业的韩飞刚刚大学毕业，在父亲的鼓动下，在老家镇江干起了公路质检工作。都说隔行如隔山，对公路工程一窍不通的韩飞，那时候天天跟着工地上师傅的身后转，"啥都不懂，天天跟牢师傅，从最简单的路基压实度开始学。"韩飞回忆着跟记者说。就是这股钻劲，韩飞从不懂到懂，成为一名基层监理员。

项目终有做完的一天。2003年，韩飞接到朋友的一个电话，说在浙江常山有一个交通项目需要现场监理员，不过需要在外地待上一两年。"由于那个项目工程比较紧，对方要求如果我要去的话，第二天就得到常山报到。""那个时候也不知道哪里来的勇气和胆量，就一心想着出去闯闯。"韩飞感慨地说着，就这样，韩飞坐上了到衢州的火车。

10个小时的火车，2个小时的汽车。陌生的小县城常山带着些许安静，一种远离喧嚣的安静。没有朋友,远离家乡,害怕、忐忑、孤独的心情杂糅在了韩飞的心头。然而对未来的憧憬却并没有消失。

酸:一张电话卡 一盘干辣椒

熟悉工地,投入到现场监理的工作,陌生的周遭,似乎在工作中变得不那么明显。然而就在夜深人

韩飞与妻子、孩子在一起

静时,韩飞才开始了思乡。"空的时候,看看图纸,可是有时候就是会去想家,单位为了方便我们联系家里,就给我们发了一张电话卡。"

刚刚离开家的韩飞,在结束完一天忙碌的工作后,回到寝室,顺势打开抽屉拿出电话卡,拨通了电话那头:"孩子还好么?听说前两天发烧了,你大半夜往医院赶,记得让妈妈跟你一起去。"电话中,韩飞对爱人、对孩子有太多的放不下。

"今天,儿子断奶了。""今天,儿子长牙了。""今天……"时间就在这一张张电话卡中积淀了下来,儿子的成长也伴随着一声声电话倾入韩飞的耳中。"别人一张卡可以打一个月,我一个星期就用完了。"韩飞在采访中这样告诉记者,"真的是回到家就不想回来了,可是既然参加了这个项目,就不能半途而废。"

对于家的思恋,也许还能克服,然而饮食的差异,却让韩飞感到了离乡的酸楚。

辣是衢州的一种饮食标识,在韩飞这成了一大困扰。"因为我肠胃不好,加上从小吃习惯了清淡口味,一吃辣就拉肚子。"刚到常山的一个月里,竟然瘦了10斤。"问我为啥身材好,就是这盘干辣椒吃得好。"采访中韩飞风趣地说。

勤:四个项目 四年时间 三个角色

俗话说:"不想当将军的士兵不是好士兵。"对于专业不对口的韩飞来说,在工程监理的这条路上,他却给自己树立一个高高的目标:当上总监理工程师。

目标就在那里,实现却是需要极大的努力。2005年,韩飞完成常山的项目,来到江山,做起了省重点工程48省道江溪线(江山段)公路改建工程的试验监理员。由于当时监理办

人员偏少，他毫不犹豫地揽下了办公室所有的资料管理等工作，晚上便抽空学习。就是这样一边面对繁重的工作，一边吃苦好学地钻研。

2007年，46省道江山至贺村段外移工程，他从试验监理员升级成了试验专业监理工程师；2010常山县国省道干线公路路面整治工程，他又升级成了道路专业监理工程师；2011年，205国道江山贺村互通立交工程，韩飞终于如愿当上了副总监兼道路专业监理工程师。

四个项目，四年时间，三个角色。曾经的"士兵"已然成了一名"将军"。

拼：遇山过山 遇水过水

监理是一件极其辛苦的工作，不仅要在室内整理繁琐的内业台账，更要到一线去检查工程质量。一叠叠完备的资料和一双沾满泥土的鞋子，诠释着这份工作的不易。

原地面复测是一个监理中一件必须做也很艰苦的差事，必须全线走过，复测地面标高，检查和图纸的变化。"这是一个遇山过山，遇水过水的工作。为了对业主和施工单位负责，必须亲自掌握实际数据，保护双方利益，有时候一天要走完工程全线也是常有的事。"韩飞告诉记者。

2006年夏天江溪线48省道改建工程即将完工，当时正值世界杯举行期间。年轻的男孩都喜欢看球赛，韩飞也不例外。但是为了完成交工验收的准备工作，他放弃了最心爱的足球赛，在宿舍没有空调的情况下，没日没夜地加班加点，整理着资料。经过不懈的努力，圆满完成该项任务。

在2007年的春天，韩飞被公司任命为省重点工程46省道江山至贺村段外移工程专业监理工程师。这次职务的变化，不仅让他几乎包揽了监理办的全部后勤工作，还要替总监分担与外界的沟通工作，但韩飞的工作劲头却更足了。然而同时考验韩飞的时候也到了：那年暑期总监生病住院，由于公司人事上没来得及变动，当时整个监理办"群龙无首"，工程现场管理一时比较混乱。韩飞临危受命，一人肩担重责，全面主持监理办各项工作。

那时的韩飞虽然得到业主的肯定，但也受到许多同事的非议。"很多不同的声音出现在我耳朵里，其实心里也挺难受的。但是作为公司代表，又是承担着省重点工程，我必须对业主、对公司、对项目高度负责。"就是卯着这股拼劲，韩飞毅然决定继续坚持下去，之后监理办各项工作，也被他管理得有条不紊。

皇天不负有心人，渐渐的，非议声也变为了赞美声。事后该工程的业主姜金福重重地拍着韩飞的肩膀，语重心长地说："其实当时对你是一个很好的锻炼机会，也是对你的工作考验，看你是否有管理能力。你没让我失望！"

担：质量是王道　责任是态度

如今的韩飞，已成长为一名总监理工程师，但却没有因为当了总监而脱离工程一线监理工作，坚持每天上工地步行现场巡查。"这样才能真正地发现工程施工中的一些问题，更好地做好监理工作。"韩飞说。

"总监压力大吗？"记者问道。韩飞接过话："那是肯定的，业主和公司领导能信任你，把一个上亿元的项目交给你管理，你要是管理不善，做事不到位怎么行。"

在市上村大桥施工时，由于是老桥拼宽路段，且老桥年代已久，新桥桩基和承台施工势必影响到老桥的稳定，韩飞除了向业主汇报这一情况外，根据施工的实际情况，向业主提出了两个桥头增加防护桩的施工方案，确保老桥安全。现如今不仅老桥安然无恙，新桥也已经建成。

江广线施工时，正好遇到江山市里控制河滩采料，砂石料价格一度走高。然而施工图纸要求挖方路段施工砂石垫层，这下施工单位叫苦不迭，表示不愿意施工。处在这样的矛盾的情况下，韩飞多次主动和项目经理沟通，努力想办法寻找代替材料，最后在保证质量的情况下，重新更改为开山利用石料代替砂石料。此举不但获得业主和设计的肯定，而且解决了施工成本问题，加快了施工进度。

不仅如此，韩飞更懂得换位思考，为了不随意浪费沿线开山石方，他要求试验检测石块强度，提出自建轧石场。这一举动不仅充分利用既有材料，打破购买瓶颈，也解决了不必要的浪费，使得施工单位和业主都节约了资金。

去年，江广线项目获得了市里和省里领导的表扬，年终被公司评为优秀监理办，而韩飞也被评为单位先进个人。对于这一些荣誉，他没有骄傲。"压力越来越大，如果做不好，怎么向这些荣誉交代。"采访中韩飞说道。正是这份责任与担当，2014年，他被评为浙江交通质监行业十大最美监理人。

现如今，来江山十年的韩飞，已能讲地道的江山话，和工程过境的村民打成了一片。江山这个浙西的县级市，成为这个镇江男儿的第二家乡。

最美手记：

对于韩飞而言，最美体现在一种新时代监理人的朝气蓬勃的年轻劲。就是源于对监理这份工作的特殊感情，韩飞远离故乡，踏实扎根一线。十年一剑，韩飞的成长融入到了这个60万人口的小城中，这个城市也用一份包容和温暖接纳着这个异乡的"自己人"。一名年轻的监理人正带着对未来的期许继续扎根在他的第二家乡。

作者　郑　薇

爱岗敬业的监理标杆

阮海鹏，1968年出生，2000年"半路出家"，成为桐乡至石门公路改建工程的一名普通监理员。历年来，他担任多项国家省市重点工程的监理负责人。2013年，他担任31省道北延绍兴市区段段工程总监理工程师。

2013年，他所在的监理办在绍兴市交通运输局和绍兴市交通工程质监站联合举行的两次半年度执法大检查中，位列全市第一名。2014年，他被评为浙江交通质监行业十大最美监理人。

阮海鹏：前进中的"勇者"

他从最基本的现场监理做起，通过自身的努力，担任过监理员、专业监理工程师，直到总监职务，一步一个脚印。因为是"半路出家"，他对自身的要求更高，在工作中总是一丝不苟，力求完美，在一次次的挑战中不断成长，成为名副其实的"勇者"。与阮海鹏交谈，他给人的印象是真诚、坦荡、有担当。

半路出家　勇往直前

2000年，一次偶然的机会，阮海鹏进入了浙江华恒交通建设监理有限公司从事现场监理工作。阮海鹏告诉记者，在这之前，他在一家钢铁厂从事煤焦化工作，但由于工厂不景气，阮海鹏还没有收获多少辛勤的果实，就决定转行。对阮海鹏而言，这次转行是偶然也是缘分，他十分珍惜，一做就是15年。

对阮海鹏而言，一切都是重新开始。为了更快地胜任现场监理这个工作，就要提前熟悉图纸和规范，认真做好笔记，在施工现场对照图纸和规范要求进行检查、复核。遇难题及时向其他监理人员请教。平时，还虚心向施工一线的老师傅讨教，充分利用可以学习的每一分一秒。

阮海鹏告诉记者，如果不对照图纸，不熟悉设计，不清楚规范，很容易有疏漏或者出错。而每一道工序都会直接影响工程的质量，所以他都十分认真和用心地对待，确保每一项工

阮海鹏（右）与同事一起在现场

程的质量，因为这是关乎其使用寿命和营运安全的重要部分。现场监理，他一做就是7年，专业监理5年，也练就了他扎实的功底。

阮海鹏在工作的同时，也不断地学习和充实自己，努力提高自身的知识水平和职业素质，认真地履行监理职责，严格执行各项规范要求，利用自身扎实的专业知识和较强的实践能力，对工程一系列监理方法进行了系统的学习和整理，全面提升监理管理方法和手段。庞杂的施工程序，对监理水平要求很高。阮海鹏说："随着更多新技术、新工艺、新材料的快速推广应用，工程领域技术含量越来越高，监理工作靠吃老本，注定是要被淘汰的。所以迫切需要对自身的知识结构进行更新，监理也需要不断加强学习，充实自己，才能胜任监理工作。"

当记者问起阮海鹏，做监理这么多年，对他来说最难的一项工程时，他思考了一下便告诉记者，是2008年的绍兴至诸暨高速公路项目。在绍诸高速公路第2监理办担任桥梁专业监理期间，他针对05合同段内溶岩、溶洞分部范围广、区域岩溶发育率高、溶洞埋深差异大，发育规模大等特点，通过召集相关人员，针对不同岩溶情况分别做好预案，掌握应采取的措施和操作要领，制定具体的施工指导方案。从开钻起监理即进行全过程旁站等手段，有效避免了岩溶区域桩基易发事故。在大家的共同努力下，该项目经声测和单桩静载试验，质量合格率达到了100%，受到了指挥部及相关专家的高度好评。

除了绍诸高速公路项目，阮海鹏还参与了嘉兴至绍兴跨江公路通道南岸接线工程、31省道北延绍兴市区段工程、跨杭平申线航道嘉海公路桥工程等。每当工程完工时，他都会长舒一口气，庆幸自己半路出家也算小有成果。他觉得现在的从容，其实就得益于当时的能吃苦和用心。看似偶然的荣誉和成果，往往都来源于一步一个脚印的坚持。

深入一线　克难攻坚

施工工地是监理工程师的主战场。每天，阮海鹏都要对施工进行全程监督。早晨开工前，要进行巡视，查看前一天检查出的问题有没有整改到位。因为按照规定，只有上道工序检验合格了，才能进入下一道工序施工。同时，加强预控工作，做好过程控制，发现问题，及时指正，避免大规模返工。

可以说，每一位监理人员都是日复一日，年复一年地在不同岗位上默默工作着、奉献着、奋斗着。阮海鹏告诉记者，监理人员的工作是没有周末双休的。无论寒冬烈日，无论风吹雨淋，白天在工地巡查，晚上及时完成内业资料，遇见连夜施工项目，监理人员也需要24小时旁站。

桥梁施工时，阮海鹏不顾深夜寒冷，认真做好施工旁站工作。路面作业时，他不顾烈日的炙烤及沥青烟的刺鼻，紧跟摊铺机量厚度、测温度。他坚持每天巡视工地，有时早晨天刚蒙蒙亮就起床，晚上天黑之后才回来。他工作严谨、认真、负责，发现问题总是当机立断，从不拖延。他告诉记者，在2000～2001年，在桥梁桩基施工旁站过程中，他经常和施工单位质检员待在工地，通常一待就是30～40个小时。工地的位置都比较偏远，生活环境艰苦，每天走的都是泥石路、施工便道，有些时候连手机信号都没有。遇到桥梁建设，他们甚至在大桥底下搭起了床，晚上直接在那过夜。

在嘉兴至绍兴跨江公路通道南岸接线工程第二监理办担任桥梁专监期间，为减小跨高速施工安全风险，他带领相关监理人员深入施工一线，从技术角度提出优化方案，积极协助项目部开展QC（质量控制）活动。并与项目部集体攻关，采用先进的挂篮旋转式支架，做到了钢箱梁悬臂端桥面板和防撞护栏施工全程不封道，既方便施工，又极大地降低了跨高速施工风险，得到指挥部和杭甬高速管理部门的高度赞誉。

勇挑"良心活"

在与阮海鹏的聊天过程中，他反复跟记者提到，干监理是件良心活。有时候或许会因为监理的一点私心，导致工程质量受到影响。他告诉记者，只要施工不停，监理就要时刻在场。尤其是重点部位和关键工序和隐蔽工程，需要现场监督，行内称之为"旁站监理"。

施工通常不分昼夜和节假日，监理也要跟着一年从头干到尾，必须要有很强的责任心，才能干得好。阮海鹏回忆起2012年的冬天，他担任嘉兴至绍兴跨江公路通道南岸接线工程沽渚枢纽桥梁专监时，那年冬天雪下得很大，沽渚枢纽D匝道桥属于边通车边施工路段，为了确保高速通行安全和施工顺利，他与其他监理人员一同跟着施工单位，半夜到路上去清除积雪。对阮海鹏而言，监理没有所谓的上下班时间，只要工程有建设，他就会在场；如果工程建设上遇到了什么阻碍，他也会一同参与解决，确保工程按时、保质完成。

在工程建设中，阮海鹏始终坚持"安全至上，质量第一"的原则，始终坚持"不断发展，求实创新"的管理理念。他视工程质量如生命，严格按照技术规范，严把质量关。因为他知道"严"就是对质量安全负责，"严"就是对业主负责，"严"就是对施工单位负责，"严"就是对自己负责。从开工之初的材料进场审批，到工序报验的每一环节，都严格按程序办事。不合格的材料不批准使用，上一道工序不合格，绝不允许进入下道工序的施工。

阮海鹏告诉记者，他印象非常深刻的一句话，也是他常听到施工单位的项目经理说：看到监理这么敬业，时时刻刻盯在现场把关，及时纠正了质量和安全隐患，避免了无谓返工，施工单位也不好意思不把活干好。然而，阮海鹏把这样的"不好意思"看成是对监理的褒奖，他觉得这证明监理的作用真正发挥出来了。监理干的是得罪人的活，同时也是个良心活。为了保证质量，只能选择铁面无私。

"只有对得起自己的良心、不见利忘义，才能走得更远。"阮海鹏说要一直这样干下去。

最美手记：

如何理解"最美"这个词？这个朴实的男人感到有点为难。回顾十五年来的监理工作，总结过去，展望未来，虽然他没有感天动人的事迹，但是在他的领域，尽他的力量，为交通建设的蓬勃发展而努力。他讲不出豪言壮语、诗情画意，在他看来，默默奉献于自己钟情的事业，在其位，谋其政，做好自己的本职工作，勇往直前，这就是"最美"。

作者 郑怡萱

第四篇

恪尽职守的检测卫士

交通检测，是一个专业性极强的行业，是一份枯燥、辛苦又寂寞的工作。其中的从业者，时刻都经受着理论知识广度和心理素养的考验。以下要提到的浙江交通质监行业十大最美检测人，他们是工程背后的一双眼睛，他们是工程质量检测数据的守护者，他们用自己的专业、细致、责任，化成检测路上最好的探测灯。

恪尽职守的检测卫士

沈立中，1986年出生，现为温州信达交通工程试验检测有限公司桥隧部主任，先后承担了诸永高速公路温州段延伸工程项目、京新高速集呼段、温州绕城高速西南线等多个重大新建及养护项目试验检测任务。

他曾荣获温州市"青年岗位能手"、温州市交投集团"先进工作者"。2014年，他被评为浙江交通质监行业十大最美检测人。

沈立中：逐浪的青年

看到沈立中的时候，我很高兴。一是因为我跟他年纪很相仿，想来在采访过程中会有不少共同话题。二是早前采访的最美人物大多是60~70年代的骨干精英，这次会遇到一个"二"字打头的青年，对我来说有些意外，但这也从侧面说明，"85后"、"90后"这批职场生力军，已经开始真正的"立"起来了，显而易见，这对整个行业来说，都是一件好事儿。

在我看来，"青年"是一个好得不能再好的词了，它代表着活力、激情、创意、进取以及无限的可能性、可塑性，所以今天我就跟大家分享一个关于青年的故事。

青年的梦想

眼前的沈立中块头不大，鼻梁上架着一副半框眼镜，看起来斯斯文文的，不像是做工程的，反而像是搞科研的。在一番寒暄过后，聊起他为什么会入检测这一行时，他笑着对我说，是因为机缘巧合。

原本研究生毕业后，沈立中最想做的事儿，是找一份规划设计的工作，天天"宅"在单位设计图纸，而当时的他，也确实通过了浙江省交通规划设计研究院的招聘。但是，当时他的爱人一时没能在杭州寻找到合适的岗位，不愿远距离恋爱的两人很是惆怅。这时一个人生的转折点出现在了他的面前："那个时候正好遇到温州交投的领导，跟他聊起这个事儿的时候，他就说'你们小两口都过来吧'。"沈立中说。

就这样,沈立中和爱人在温州扎下了根。"到了温州后,我被分配到交投下属的温州信达交通工程试验检测有限公司做检测工作。"

"当时会有遗憾吗?毕竟您最初的心愿是做规划。"我问道。

"一开始确实有。在当时的我看来,规划设计像造物者,你可以依据自己所学到的专业知识把一条路、一座桥梁的原始形态设计出来。之后的建设养护,更多起到的是一个辅助作用。不过,后来工作久了,我就觉得自己最初的想法太肤浅了。因为如果没有施工、检测这些实际操作的工种,再多的想法、设计也只能停留在脑海里、图纸上,无法成形。我想,就像每一颗螺丝钉都是不可或缺的一样,每一个工种都不应该被小觑。"沈立中说。

在谈论梦想的时候,我打趣沈立中,说他这是干一行爱一行。他摇摇头说,自己的梦想从未改变,只是更加成熟、丰满了。

青年的团队

"来到信达之后,我被任命为桥隧部主任。当时桥隧部刚刚成立,加上我一共才3个人。一开始很痛苦,一个项目下来,从实际操作、出报告到项目的联系、负责,整个体系都是我去做的。分给我的两个同事因为年纪比较轻,也没什么经验,所以最初也只是跟着我去学这些东西。我想这样下去也不是个事儿啊,于是开始了对人的培养。之后大概有大半年时间吧,他们逐渐也成长起来了,我也在学着放手,让他们独立负责项目。"沈立中说。

年轻人的学习能力是很强的,从最初只是跟项目,到每个人都能以一抵十,独当一面地负责项目。桥隧部这个刚成立不久的团队,正在以令人意想不到的速度成长着,到目前为止,这个成立还不满4年的团队,已经成为公司开拓市场的主力,每年承接的业务量占公司总体业务量近一半,人员也从3个人发展到如今的10多个。

"我们团队从最初的3个人到现在10多个人,一直有一个特点就是相处得很融洽。桥隧部是一个很有合作、协作意识的团队。"沈立中说。

关于带队,沈立中有着一套自己的

站在自己参与的大桥项目前,沈立中充满自豪

哲学。在他看来,一支队伍中最重要的是情怀,对一起奋斗在一线的"战友"的情怀。从团队最初成立开始,沈立中就会在每一位同事生日之际,让整个团队帮他一起庆祝。这个惯例一直延续至今,从未改变。

"我们像亲兄弟一样,很亲密。也许正因为如此,他们才会一直为团队的发展拼尽全力。"沈立中跟我说,项目多的时候,他们经常是通宵达旦,连续两三个月没有双休日,但即使如此,这群不到30岁的小伙子却从不抱怨,无怨无悔。2014年桥隧部荣获温州市"工人先锋号",这枚闪耀的勋章见证了这个青年团队的激情与汗水,是他们最好的嘉奖。

"青年"的成长

"现在我很庆幸,2011年的时候选择来到温州,来到信达。这些年信达发展的真的是太快了,从早期参数不到100,到现在参数有400多个。可以说,我们每时每刻都在接触、学习、传播新的东西。这不仅让我对工作一直保持着新鲜的感觉,还能让我不断地学习,加快成长的步伐。我很庆幸、很感恩。"沈立中说。

从成立之初的低档常规性业务,到后来相继承担了京新高速集呼段、温州绕城高速西南线等多个重大新建及养护项目试验检测任务,信达在短短几年间不断审时度势,探索转型发展。

"这两年信达对基础硬件设施进行了一次大革新,从万能材料实验机、微机静载锚固实验机、石油沥青蜡含量试验器等等,各类大型检测设备,我们基本上收入囊中了。"沈立中说,只有硬件夯实了,才有说话的底气。但仅有夯实的硬件还不够,思想上、理念上还要跟得上时代的脚步,甚至是超前。

2013年,信达与业主部门沟通,为1998年建成通车的温州大桥安装健康监测系统,健康监测系统的概念首次引入温州。

"温州大桥通车到现在已经十几年了,中间也出现了一些病害,再加上温州连接广东、海南、福建,物流比较发达,从宁波、上海高速过来的车很多,超载也很严重。所

沈立中在湖南湘西矮寨大桥考察健康监测系统

以当时我们觉得它需要安装一个监测系统。"沈立中说。

健康监测系统这个理念虽然之前在一些特大型桥梁上使用过，但在省内并不普及，在温州更是首次被提出。它在温州大桥上的成功应用，打破了温州检测业的传统思路，也为信达开辟出了一块新业务。

"在我们做这块业务之前，没有人会去想温州的检测业务需要用到网络，甚至是'互联网+'，但我们认为适度超前是必要的。我们想建立一个平台，把一些大型桥梁、特殊结构的桥梁的管养单位建立在一个平台内，所有桥梁的状况在同一个云服务器里去处理，通过网络的方式，让各地专业的管养人员去沟通，我们来汇总，之后出一个相应的解决方案。所以我们当时做温州大桥的时候，设想的不单单是做健康监测系统，而是把面做大做广。"说起正在推行的计划，沈立中显得十分激动和向往，"我知道要把这个平台建起来、推出去，很有难度，但是正因为如此，才有挑战性。"

青年的成长离不开环境的影响，沈立中就像一颗种子，找到了一块名为信达的土壤，也许它不是最肥沃的，但却是最适合的。因为他们是那么的相似。他们都是正在茁壮成长的"青年"，他们都拥有活力、激情、创意、进取以及无限的可能性、可塑性的特质。他们都坚信"天行健，君子以自强不息"。只有自强不息，才能不被时代所淘汰，才能一直成为"逐浪者"，走在时代的最前沿。

> **最美手记：**
>
> 　　沈立中说是青年，但又不属于传统意义上的青年，因为他身上透着一股子的"老"味儿。我说的这个"老"味儿，不是说他老气，而是说他老成。他喜欢看一些道家、佛学和哲学的书，并三不五时的和一些好友求学论道。这潜移默化地让他养成了不停思考、总结的习惯，遇事儿都比同龄人看得更通透些、更深刻一些，我想这就是他可以快速成长的原因之一。
>
> 作者　胡梦珂

恪尽职守的检测卫士

严水龙，1982 年生，毕业于浙江交通职业技术学院公路桥梁专业和武汉理工大学土木工程专业。2004 年至今，一直在嘉兴质监站检测中心从事检测工作。

他曾在"嘉兴市交通行业试验检测专业知识竞赛"获得一等奖，在"全省交通系统试验检测知识竞赛活动"中获得二等奖等荣誉。2014 年，他被评为浙江交通质监行业十大最美检测人。

严水龙：入隧下桥　为检测事业奔走

七月的一个上午，嘉兴空旷的万历路上，严水龙只身站在质监站门口，远远向记者招手，一身青灰的装扮，身材粗实，脸孔黝黑。1982 年出生的他，因常年日晒雨淋与工程打交道，生出一种超越年龄的成熟稳重。唇齿间，却整个是江南水乡人的韵味，不紧不慢，语句柔软，不带一丝锋芒。

"真没什么特别，都是些平平常常的事。"面对记者采访，严水龙愣神半晌，冒出这么句话。他的同事张卿立马接话："他这个人呀，平时只会自我批评，你硬要让他表扬自己，难啊。"

也许眼前景象是对他的一个侧面注释：不到 30 平方米的办公室，6 个人挤着办公。办公桌上，四五台打印机横斜侧卧，各种材料堆积如山，近四十个检测项目交织进行。张卿说，身为检测室主任的严水龙，既要统筹安排，又常常为了赶工期以身作则，带队入工地，抓各种参数的检测，回来还需加班整理报告。数年来，严水龙这样忙碌的工作方式，几乎不变。

就在一周前，严水龙的六旬父亲因摔伤骨折，住进嘉兴一家医院。被大量检测任务压身的他，甚至无法抽出更多时间到几公里外的病榻照顾父亲。严水龙挤出一脸苦涩的笑。

3 个多小时交谈中，记者感到，检测对他而言不仅仅是一份工作，更是他生命中不可或缺的一部分。某种意义上说，既是责任，亦是使命。

实干、细致、全面、忘我，这是同事们形容他用得最多的几个词。从11年前青涩的弱冠青年，到如今技能全面、身兼管理职责的检测室主任，这些词作为建构他职业和生命情怀的元素，一直贯穿始终。

信念：十年磨一剑，做工程背后审视的眼睛

2004年7月，严水龙从浙江交通职业技术学院公路桥梁专业毕业，顺利考入嘉兴市质监站检测中心，成为一名试验员。和初入社会的大多数人一样，那时的严水龙既感到满满的新奇和忐忑，又怀着义无反顾的勇气，立志在检测这个行业开辟一片属于自己的天地。

正值炎夏，初进单位的严水龙没能在办公室空调的清凉里度过，而是跟着带队师傅和几个同事，来到烈日下的320国道上开展道路弯沉检测。

从早上6点到晚上6点，他和同事抬着长5米的弯沉检测仪，每走20米就要停下来测量并记录数据。车辆如流，高温炙烤着道路，热浪滚滚，汗浸透衣裳。严水龙既要顾着安全，又得忍着酷暑，每天要完成长达10公里的检测，密集采集一系列数据，并于当天晚上整理出来。1个月下来，他和同事徒步走了100多公里。

严水龙不曾想到，这检测职业生涯的第一步，就是一次体能与信念的双重考验。

"检测实际上就是做公路背后审视的眼睛，既要严谨，又要精细，一点也不比施工轻松。"这次漫长的徒步之行，使严水龙意识到检测的艰辛，也在一定程度上形成了他的职业理念：凡事皆亲力亲为，从一次次实践中不断夯实自我。

严水龙（右1）在路上做测量

十年磨一剑，严水龙时刻钻研各种试验检测知识，经历了从原材料的检测到现场检测、从外委检测到监督抽检、从市政检测到公路检测、从农村公路检测到高速公路的检测、从公路工程的检测到水运工程的检测、从实体检测到外观检查，从工程项目试验检测标书编制到标书投标，从试验检测方案的编制到方案的评审，从单位公路水运乙级资质评审到计量认证到甲级资质评审。

2010年9月，他在"嘉兴市交通行业试验检测专业知识竞赛"中获一等奖；2010年10月，他在"全省交通系统试验检测知识竞赛活动"中获二等奖；2013年10月，他代表单位参加了"2013年全国公路水运工程试验检测机构钢筋、钢绞线比对试验"，收获佳绩；2015年，获得"全省最美质监人"称号……在检测行业中执着前行的同时，一系列荣誉也随之而来。

十年后，成为检测室主任的严水龙最感激的也是那段酷暑中的经历。"现在每次进来新人，我都会带领他们去做一些最苦最累的检测工作，让他们去历练成长。只有这样才能让新人快速提升。"

精细：反思检测失误，练就一双"锐眼"

严水龙对细节近乎洁癖的自我要求源于2006年的一次事件。

当年7月，嘉兴质监站因需对杭浦高速开展桩基检测，提前购买了一批桩基超声波检测仪器，并组织厂家对检测人员进行为期一周的培训。自认为仪器使用规范流程已掌握，严水龙拍着胸脯向领导保证，可以顺利完成检测任务。

然而，实际操作与理论终究存在差别，在现场桩基检测过程中，严水龙因仪器操作失误，导致多项数据未采集到，"事后单位不得不又让厂家对我们再度进行了培训，浪费了很多时间精力。"严水龙也因此被领导狠狠批评了一顿。

这次经历让严水龙意识到细节的重要性："检测工作不仅要用眼，更要用心。"此后他更加注重将理论与实践相结合，每一个试验均细致钻研，遇到难点和疑问，及时向领导和同事请教，或者上网查阅资料。从公路工程到水运工程，从农村公路到省道，从国道到高速，从路面到路基，从配合团队检测到个人独自完成，严水龙熟练掌握了土工试验、无机结合料试验、岩石水泥试验、桩基、桥梁结构等数十种不同类型的检测流程，一步步实现着能力的蜕变。

多年检测中，严水龙更练就了一双"鹰眼"。

2009年5月，嘉绍大桥北接线工程如火如荼开展。在一号枢纽7号桥的桩基超声波检测中，严水龙根据检测数据，初步判定桩顶以下6米位置有缺陷，但无法确定缺陷有多大。

为确保工程质量，心思缜密的他决定，进一步开展低应变和取芯检测，以揪出"真凶"。一番检测后，果真发现桩顶以下5.3米至6.1米之间有严重离析现象。他及时将结果反映给工程指挥部，使桩基重新浇筑，消除了隐患。

忘我：拄杖加班 "钉子事件"在单位传为美谈

询问严水龙同事对他印象最深的是什么，得到一个简短、有点让人摸不着头脑的回答："钉子。"

事情要回溯至2012年8月4日的晚上10点。那段时间，整个嘉兴质监站检测中心都在忙一件事——交通运输部开展的检测机构甲级资质评审。当时距离评审时间已不到一个月，作为检测室主任的严水龙更是每天一门心思扑在上面。那天已近半夜，他还一个人呆在单位加班，忙着样品准备和仪器设备调试。

为做一个击实试验，他独自在试验室里踱来踱去，找寻所需配件。突然，一阵尖刺的剧痛从脚底传来，他一个趔趄坐倒。原来，一枚尖锐的钉子刚好扎中他的右脚，鲜血直淌。当晚，他独自驱车到医院进行包扎，回到家已是凌晨1点。

第二天一早，跟往常一样，严水龙准时出现在单位办公室。不同的是，他拄着拐杖，脚上缠着一圈白色纱布。为了帮助更多同事熟练掌握试验参数，并将所有设备集中调试一遍，严水龙顾不上休息，照常上班、加班。1个月后，单位顺利通过了交通部的甲级资质评审，成为全国第100家、全省第6家获得该资质的检测单位。

这次"钉子事件"也在嘉兴质监站传为美谈。时间过去3年，仍不时被同事们提起。

在很多人看来，严水龙仿佛是铁打的一般，总有使不完的劲。去年3月，他主动申请带队前往申嘉湖（杭）高速公路（嘉兴段）进行桥梁定期检查。该工程共有桥梁118座，其中除了主线桥、8个互通区匝道桥、18座跨线桥，还有连接乍嘉苏高速的观音桥枢纽，桥梁结构极为多样。

高速公路危险性高，工作难度大，加上业主要求工期比较紧，6~7月份又是酷暑季节，身为"队长"的严水龙，每天除了做好必要的安全组织、防暑降温和应急突发事情外，还必须合理安排工作时间，做好团队思想工作。就是这种高强度的工作，他一做就是4个月。白天检测，晚上出报告，提前完成了工作任务。

第四篇　恪尽职守的检测卫士

最美手记：

最美源于平凡中的点滴坚守。相对于工程建设者，严水龙所从事的检测行业可能很少被人关注，也不可能成为媒体镜头的焦点。但就是这样一份在外人看来枯燥、辛苦又寂寞的工作，却成了严水龙生命中不可或缺的一部分。他说："我们只是工程背后的一双眼睛。"他清楚地知道，检测不只是一份工作那么简单，背后更是一份沉甸甸的责任。

作者　谢宝光

恪尽职守的检测卫士

舒剑爽，1960年出生，现任余姚市振业工程试验检测有限公司总工程师，是中国硅酸盐学会混凝土水泥制品分会技术专家，浙江省交通系统试验检测专家库人员。

2009年，他被评为浙江省公路水运工程试验检测专项治理工作先进个人，余姚市级先进(生产)工作者。2014年，他被评为浙江交通质监行业十大最美检测人。

舒剑爽：追求真理 就是成功

他是一名资深试验检测员，大到国家重点工程，小到乡镇农村公路，他都一丝不苟，严把质量关；他是一名科研先锋，理无专在，学无止境，对技术创新的不懈追求贯穿了他的整个职业人生；他是一名理论导师，言传身教，培训了一大批一线检测员，为全省质监检测事业的未来发展添砖加瓦。他就是余姚市振业工程试验检测有限公司总工程师——舒剑爽。

有过苦

检测苦，检测累。不干不知道，真正了解这个行业的人，才会知道检测员们在一项项恢宏建筑工程背后的辛勤奉献。舒剑爽就是这无数工程试验检测人中的一员，从1987年进入交通行业开始工作，他就立志做好一名试验检测员。从普通试验员，到试验室主任，再升任公司总工程师，他始终不忘初心，潜心钻研检测理论，努力提升专业技能。

检测是一个体力活，光是在试验中制作试块一项，有时每天就要做几十组，每组3个试块，一个约有8斤，这样算来一天要做近1000斤的试件。连续装模、拆模、搬运、养护、压试块……一天的工作结束，有时，舒剑爽累得吃饭时拿筷子的手都是发抖的。

检测又是一个脑力活，不是闭门造车，需要多方查阅资料，不断摸索。单说混凝土配合比这一项，就要从用水量、砂率、各粒级碎石的使用比例和减水剂的合理掺配等各个方向，不断调整配合比，进行多组试验数据的对比，采集各项数据，进行分析、调整参数，再试验……为了试验出特定施工环境下的最佳原料配合比，满足施工要求，节约项目生产成本，保证建筑工程的顺利推进，舒剑爽往往一头扎进试验室，就是好几个月。

检测工作为了服务工程建设，往往还要与时间赛跑。施工队伍正式施工前，检测员们往往要把所有的取样、原料配合比选定工作落实到位。由施工现场送回的试样，都急需试验报告和试验结果，并且要在第一时间告知现场，以指导施工和下一步工作，容不得半点马虎。

舒剑爽正在实验室进行工作

因此每一次项目部送回来的试样，舒剑爽都要第一时间安排试验计划，保证以最快的速度、最准确的数据支持工程现场的验收工作。而即便在这样紧张、高强度的工作的情况下，舒剑爽还要挤出休息时间，不断提高自身的理论水平和工作能力，自学各种专业课程、认真琢磨、不断探索总结解决问题的办法。

更有笑

杭甬高速公路余姚东连接线工程试验工程师、宁波穿好公路 J1 标试验工程师、舟山连岛宁波接线工程试验工程师、杭甬高速公路拓宽工程余姚段工程实体检测负责人……凭借着对检测工作的热爱，对工程建设的责任心，舒剑爽一步一个脚印，扎实地走来，逐渐成为公司检测工作的主心骨。从沥青、钢绞线、桩基等具体试验项目，到统领工程检测全局，他带领着公司检测团队，在一个个试验任务中取得了辉煌的成就。

谈起过往近 30 年的检测经历，舒剑爽笑着说，当看见付出的努力得到回报时，过往的辛苦回忆起来也会是"甜"的。

舒剑爽曾参与了 61 省道畅通工程余姚段白改黑路面设计方案，主持了全线施工过程试验检测工作。在认真调查了原水泥混凝土路面的破损情况及全线的旧路面进行强度分析、评估后，舒剑爽提出了采用设置过渡结构层、直接加铺沥青面层的技术方案，使结构层模量比得到控制，减少了下层刚性结构剪应力对上面层反射裂缝的影响。工程预计使用年限 5 年，实际使用年限超过 5 年。

而对于杭甬高速公路拓宽工程，舒剑爽主持了 303、304 标工程交工实体试验检测工作，而最后这二个标段在工程质量验收中分别获得工程质量第1名和第2名的好成绩。他在每一个检测工程中都会向业主提出一些技术建议，赢得了业主和设计单位的一致认可。

这只是舒剑爽众多检测工作中的两个小节点，之所以让他引以为豪，并不是因为服务的工程有多么浩大，也不是因为业主单位的赞誉和褒奖，而是因为作为一个检测人，他的专业理论终于付诸实践，所追求的真理终于开出了丰硕的现实之花。

追求真理

检测技术是工程试验检测公司的核心，是立身的根本，是竞争力的最有效保障。而作为公司检测工作的带头人，舒剑爽有这样的底气与实力。

从刚接触公路工程检测工作开始，他就潜心学习各种检测相关知识，一头扎进实验室，熟悉器材、学习规范、理解标准、提高实际操作能力，很快就成了公司里技术能手。如今，虽已过天命之年，舒剑爽在追求技术与创新的路上也从来不曾松懈过，在遇到技术难题时，往往废寝忘食，查阅各类资料，反复检测试验。

特别是近几年，新材料新工艺的广泛使用，使得与之相对应的试验检测理论需要不断深化，技术手段亟待更新。许多技术攻坚的工作必须由他自己来完成。舒剑爽因此更加刻苦钻研专业知识，努力掌握新技能，不断提高自身素质。舒剑爽对工程检测工作的要求，不单单是查出问题，更注重分析问题原因，并对症下药解决问题。

凭借扎实的理论储备，丰富的实践经验以及在新材料特性和试验检测方面的独到见解，舒剑爽受邀参与了《水泥混凝土和砂浆用合成纤维》国家标准、《混凝土坍落度仪校准规范》浙江省地方标准的编制，独立完成《水泥混凝土和砂浆用合成纤维》国家标准的验证试验工作，并主编了合成纤维力学指标的定义、确定及检测方法等内容。

在课题研究方面，舒剑爽参加了由浙江省交通规划设计研究院主持的谭家岭东路延伸工程"人造轻质土路堤试验研究"课题，2008年获得中国公路学会科学技术三等奖。参与北京工业大学"结构抗震研究"课题，研发高性能、低成本的新型加固材料，样品经北京工业大学初步试验，结果表明，经加固后的梁体轴向受压峰值应力提高1倍以上，径向峰值应变提高5倍左右，成本只有传统碳纤维加固的40%左右。参加《混凝土坍落度仪校

工作之余，舒剑爽悉心进行理论研究

准规范》课题研究，该项目通过浙江省交通运输厅课题评审，其技术水平达到国内领先。

理论研究从来都要服务于实际检测工作，鉴于工程纤维材料的大量使用，而国内还没有相应的检测设备这一窘境，舒剑爽从纺织学学起，了解工程用纤维特性、检测要素等，制定出相应的工程用微细纤维的检测方法，并与上海东华大学合作，共同研发出国内第一台最小隔距为2毫米的纤维强伸度仪，解决了工程纤维产品不能直接检测的难题，杜绝了工程用纤维以次充好的现象，为标准编制的科学性和合理性奠定了基础。

更有胸怀

对于成就荣誉，舒剑爽这样说道，成功有很多种，有人经商致富，有人仕途通达，而我就是一个安心做技术的人，检测工作让我实现了自己的人生价值。

与此同时，舒剑爽更在通过另一种方式实现自己人生价值，他已被录入浙江省交通运输厅试验检测专家库成员，编写培训资料并担任授课任务，已先后在全省培训20多期检测理论与技能培训班，为全省试验检测工作培养了一大批的后起之秀。很多人都已经成了项目部试验检测工作的骨干。

开始培训授课以后的舒剑爽，对各种理论知识的狩猎更广泛了。但他仍谦虚地说，在培训讲课中，我和学员们在一起进步，我向学员们讲述自己的经验，学员们的新思路新办法也给我指明了新的理论方向。

而对于工程检测行业，舒剑爽也有自己的想法和建议。工程检测机构要走更专业化的道路，"一支独放固然美，百花齐放才是春。检测工作不仅要为工程建设提供一个重要的科学依据，更应该承担起相应责任，使行业发展和工程建设主体相辅相成，共同推进工程建设质量安全。"他说。

最美手记：

对于舒剑爽而言，成功的人生是对真理的无限追求，自己的理论知识在交通项目中付诸实践，就是他最大的荣耀和自豪。他劝解年轻人，要先了解自己，找准人生定位，而后义无反顾为之不懈奋斗，而他也是这样坚定的做的。他将自己的经验和知识，传给更多的浙江检测人，为行业发展贡献了全部的力量，他就是最美浙江检测人。

作者 石 宽

恪尽职守的检测卫士

张卓皎，1979年出生，2011年至今，她在海宁市交通工程检测有限公司先后担任质量负责人、授权签字人、公司副经理。现为海宁市交通工程检测有限公司经理。

2011年，她入选浙江省公路水运工程试验检测专家库成员。2014年，她被评为浙江交通质监行业十大最美检测人。2015年，被海宁市总工会评为年度五一巾帼标兵。

张卓皎：美丽的纹身

初见张卓皎是在一个闷热的早上，在海宁动车站附近的一条县道上。"你好，我是张卓皎。"眼前的女人笑容可掬，戴着一副黑框眼镜，穿着一件泛旧的灰色工装外套，下身是合身的牛仔裤和球鞋。脑袋上顶着一顶白色的安全帽，帽子下是被太阳晒得通红还滚着汗珠的脸。"不好意思啊，这个项目赶着交工，我们早上得先把数据测出来，麻烦您等我一会儿。"说完又蹲到仪器边上了。张卓皎正在操作的仪器，在我看来就是两根梁上插了两个表。当身边的检测员告诉我，这是贝克曼梁和百分表，他们正在测路面的回弹弯沉时，我脑袋里飞过一百个问号，不禁感慨，真是"隔行如隔山"。

时间一分一秒地走过，当我裸露在外的皮肤也被晒得热辣辣时，早上的检测终于结束了。我跟着张卓皎一行3人，坐上了他们来时开的小皮卡。张卓皎似乎是一个精力无限的人，忙活了一早上也没看她露出疲态，反而一边开车一边跟我欢快地"叨叨叨"："海宁这些年发展得可好了，绿化多，公园大，道路通畅，你看这条路是我们检测的，边上这条也是……"在她身旁的我仿佛也被这精气神儿所感染到，褪去疲乏，津津有味儿地听着，直到回到他们公司。

是伤痕？是纹身！

来到海宁市交通工程检测有限公司，跟着张卓皎来到会客室，"咱们就在这聊吧，免得打扰到其他同事"，张卓皎边说边把大外套脱掉，露出了里面被汗水浸透了的T恤。"我们外检就是这样，外头是大太阳，衣服里头在下'小雨'。"

"不能把外套脱了吗？"我问道。

"那样很容易晒伤。"张卓皎边说边指着她肩上靠近锁骨的位置，"你看"，只见一朵像花一样的印记刻在了她的肩上。"2013年的时候我们项目很多，一天要跑4、5个工地，我记得有一天外检我走了十几公里的路，那时候又是大夏天，热得我实在是受不了了，就把工作服脱了。晚上回家的时候肩膀的位置又痛又痒，就算是挠出血了，还是痒。第二天去医院检查，医生说是'阳光直射性皮炎'，皮肤已经晒伤，不容易治，会复发。所以以后外检，不管多热我也一定要穿着工作服。"

在太阳下暴晒，是张卓皎的工作常态

张卓皎虽然是一路笑着对我说这段经历，但是同为女性的我听着却有些心酸，因为知道永久性伤痕对女性意味着什么。但是检测工作难免磕磕绊绊，肩上的印记并不是她唯一的伤痕。

"有一次我去梁板预制厂检测板梁结构砼强度的时候，脚底被钉子戳了进去，施工单位的人都吓坏了。"张卓皎说道。

"很疼吧，我听着都觉得瘆得慌。"我说。

"是啊，每走一下都很疼，但是没办法，工作该干得还得干。那时候我也不知道哪来的劲儿，在工地板房简单地处理了一下伤口，就继续检测了。"张卓皎说。

因为检测，张卓皎身上留下了大大小小不少的伤痕，但是她却从不嫌弃它们："在我看来，它们不是伤痕，是纹身，它们很漂亮，记录了我的成长。"

成长，从女孩到女汉子

"我是杭州余杭人，1999年从浙江省交通学校公路与桥梁专业毕业，当时其实没想着一毕业就工作。但是同校的师兄跟我说，海宁有家单位缺路桥专业的人，问我去不去。我想着机会挺好的,就去报名了。"张卓皎说。

"刚进单位是什么感觉?"我问道。

"苦,对于当时才20出头的我来说,是从来没有吃过的苦。那年是我父亲一路把我从杭州送到了海宁。到单位报到完之后,领导就把我们带到员工宿舍了。当时住宿的环境很差,宿舍楼是六七十年代造的,住的都是小伙子,没有小姑娘。我的房间,大概在10个平方左右,墙壁很黑、很脏,电也不通,床也没有。我爸一看这环境就转头对我说:'囡囡,要不我们还是回去吧。'但是,因为从小父亲就教我,做人一个是要勤快,不要怕吃苦,还有一个就是要学会珍惜。所以当时我就想既然来了,就要好好珍惜这个工作机会,然后就跟我爸说:'别着急,总有办法的。'那天我爸陪我去仓库里领了一张硬床板,拿了两个水泥凳,一架就是床了。外面有电线,我爸给接了进来,还装了一个开关,这就有电了。我看有床有电了,就跟我爸说行了,你回去吧。"

青年时期的张卓皎还未经历风雨,并不像现在这么坚强。初出象牙塔的她只身一人来到人生地不熟的海宁,其实也很慌、很怕。但是为了不让父母担心,也为了眼前的工作机会,张卓皎怀着一颗感恩的心,努力地适应一切、做好一切。

"当时,其他同事一天上 6~7 个小时的班。我因为刚去不熟悉业务,所以就主动加班,一天工作 12 个小时。在最初的几年,我从做内页资料、内部试验到接样跟客户对接,再到外检,几乎单位里每一块儿跟业务相关的事儿,每一个跟业务相关的岗位,我都做过。当时带我的吴主任说,我是他见过进步最快的新人,肯花功夫、下苦工。"回忆起旧时的老领导,张卓皎感慨万千。

"其实我一直觉得自己很幸运,刚工作就遇到了吴主任,他是一个特别愿意带新人的领导。像我们刚参加工作的时候,很容易出现这样那样的问题,他发现了就会来指导我们。我在他身上学到了很多,尤其是在待人接物方面。他当时有一句话我到现在还记得,他说我们第三方检测机构,既是为业主、监理、施工单位服务的,又是为社会出具公正数据的。所以我们对待客户要有热情服务的态度,但同时也不能为客户左右,要做到立场公正。因为吴主任的关系,我从做小兵的时候就知道,一个领导的'传、帮、带'有多重要。所以现在我也一直在努力地这样做着,以身作则。"

以身作则并不是一句空话,其实以张卓皎现在的职位来说,她并不需要再参与外检了。但是在平时工作时,她只要没有会议和事务性的工作,就一定带队在外检现场。手下的年轻人走多少路,她自己就走多少路,手下的年轻人晒多大的太阳,她自己就晒多大的太阳。并且及时地解答年轻人在现场遇到的问题和困惑。除此之外,为了解决她现在所任职的海宁市交通工程检测有限公司存在的人员业务素质高低不均衡的现象,张卓皎还专门研究出台了《检测公司一带一提升试验检测能力工作制度》,即由一个有一定专业理论和较强的业务水平、检测经验丰富的持证检测工程师,负责带一个年轻的检测员,承担一对一的传、帮、带培养任务。

张卓皎参与检测的海宁的道路

"其实我们自身还需要不断学习,很希望能参加一些管理课程的培训。站在现在的管理岗位,我们要学的真的还有很多,如何带好一个团队,发挥它更大的作用,在专业的岗位上做深做细,也是我们一直要努力的方向。"张卓皎说。

骄傲,从杭州人到海宁人

从杭州到海宁,从省会到县城,张卓皎却从来没有感觉到不甘或遗憾。"海宁已经不是原来的海宁了。我1999年刚到海宁的时候,还是比较落后的,跟杭州根本没法比。但是现在,随着基础建设的提升,整个城市的规划、经济的发展都特别好。原来杭州的亲戚朋友来海宁玩的时候,都会说:'你们海宁发展的真好啊!',当时我就会感到很骄傲。不仅是因为我是新海宁人,更是因为我们检测人正是参与城市规划建设的具体实施者。海宁的两大动脉——东西大道、南北大道是我们参与检测的,景观道路——潮涌路是我们参与检测的,新城的地标——海宁鹃湖公园景区道路、桥梁是我们参与检测的。新的海宁,现在高端、大气、上档次的海宁,处处留有我们检测人的脚印。"

最美手记：

　　张卓皎是个很特别的人，都说做工程的人不善言辞，但她却外向得很，一开口就像"倒豆子"一样噼里啪啦的。在谈及一路以来的艰辛时，也总是眉眼带笑，丝毫不觉得苦涩。让我觉得她说的那句"所有的艰辛都是生活给我们的历练，为了让我们找到更好的自己"，不是应对采访的场面话，而是真的发自内心。张卓皎就像是一枚"活力素"，随时为自己和身边的人，带来积极向上的正能量。

作者　胡梦珂

恪尽职守的检测卫士

池长记，1977年出生，2004年成为温州市交通工程质量监督站试验检测中心的一名试验检测员。2012年，池长记成为一名试验检测工程师，同时任职温州市交通工程试验检测有限公司的副总经理。

2008年，他被评为温州市公路水运工程优秀试验检测人员，2009年被评为浙江省公路水运工程试验检测专项治理工作先进个人。2014年，他被评为浙江交通质监行业十大最美检测人。

池长记：脚踏实地的躬行者

平整的格子衬衣，笔挺的黑色西裤，干净利落的短发，笑起来，稍有拘谨，黑色框架眼镜后的眼睛深邃坚毅。在他办公桌的后面，是一个简易的书架，一眼扫过去，全是一摞摞的材料和各种专业书。10多年来，他历经检测公司从小到大，从弱到强。10多年来，他始终坚持在检测一线。他是同行眼中检测技术过硬的优秀检测人，是工程质量检测数据的守护者。他就是温州市交通工程检测有限公司副总经理池长记。

迎难而上的硬汉子

2000年毕业以后，他在一家施工单位从事路线勘测的工作，到山上测量更是家常便饭。那个时候各方面技术跟不上，设备不齐全，经常会遇到车道尽头没有路的情况。怎么办？池长记没有选择掉头另辟新路，而是和同事们一起，卷起袖管，拿起铁锹，砍树开路。也正是这种遇事不逃避、主动出击的工作态度，让他在今后十几年的工作生涯中，一直所向披靡。

2004年，他来到了现在的工作单位，温州市交通工程试验检测有限公司，一直从事技术、试验检测工作，先后参加过甬台温高速公路温州段、金丽温高速公路鹿城段、诸永高速公路温州段、温州绕城高速公路、龙庆高速公路及国省道、县乡道路、七里港港区、状元岙港区码头等450多项公路、水运工程的试验检测和技术工作。带着对交通试验检测工作的憧憬，他由一名普通的试验员，成长为公司的副总经理。

池长记在进行桥梁检测

不管是高温日晒还是冰霜雪冻，池长记从没有停止手中的工作。"一年中最难的工作就是在夏天了，检测的时候要戴着安全帽，穿着反光背心，浑身是汗，有时候眼睛里面都是夹杂着汗水。但是任务繁忙，我们整个团队几乎没有时间休息。"他讲述时语气平和，丝毫看不出内心的波澜。"冬天工作也并不比夏天好做，我记得有一次我们进行桥梁检测，实在太累了，坐在路边休息。还可以看到蛇在那里晒太阳，这个还是有点害怕的。"说到这里，他呵呵笑了起来，像是不好意思，"不过后来就好了，见得多了也就不怕了！"

相比风吹日晒的工作环境，他们的工作地点也时常是个挑战。在文成西坑隧道没有开通时，只有一个入口，整个隧道像是倒立过来的空井，再加上打洞放炮，空气中浮尘很多，有时候看东西都挺费劲。即使是这样，池长记和他的队伍头戴探照灯，口戴防护罩，一待就是一下午。回到宾馆后，他会抓紧时间，把白天收集到的检测数据形成报告，当天能做完的事情，绝不会拖到第二天！

聊了那么多，我问他："那么大的工作强度，经常加班加点，身子怎么受得了？"他笑了笑，摆摆手："没什么，我曾经连续四个月一直工作没有休息。我是山里走出的孩子，身体素质特别棒！" 讲到这里，我看到他眼中闪过一丝自豪的目光，越聊越起劲。这个时候的池长记给我的感觉又多了一些东西，儒雅，安静，刚柔并济，像太极推手，平而有力道。

心比针细的黑面王

对工作认真负责的态度，让他更擅于把一件事情做到极致。"路面检查的时候，人就在路上一直走，手里拿着笔、本子。边走边记，发现桥面，路面破损，记下桩号，方便维修，一点都不能马虎。" 池长记的眼里容不得沙子，"要用数据说话，肉眼预判不达标的，要做到心中有数，必须用标准化的仪器测量才可以。"

2010年6月25日，他在某工程检查中，发现该项目隧道施工存在严重的违规施工和偷工减料行为。面对这一状况，他主动出击，立即带领团队深入隧道施工现场，进行全天候跟踪检测，时时处处严把质量关，并亲自动手拿起榔头和凿子，对质量不合格部位挖开检查。

即使尘土满面，他依然义无反顾地做着手头的工作，对数据分析、判断，经过三天两夜的检测，他和他的团队凭借扎实的技术积累和支撑，果断地做出了事后被证明是正确的判断，圆满地为质量监督部门，提供了监督检查可靠的检测数据。最后，监督部门对该施工单位做出了15.5万元的经济处罚，并予以通报公布，有力地打击了违法分子的嚣张气焰，在全市交通行业引起了极大反响。

他深知安全生产的重要性，还源于工作中的一场意外。那是2010年的冬天，在一次检测锚杆长度的过程中，同事从4米高的台车上掉下来。幸好是冬天，身上穿着比较厚，才避免了更大的伤害。

他得知这件事后，紧张之余，开始考虑公司安全生产工作的重要性。2011年，他开始着手进一步加强公司安全生产管理。通过一系列的制度规范，明确安全生产运行中的操作、培训等内容，他对各级岗位安全责任做到了量化、细化、具体化，形成了覆盖全员的安全责任体系，为职工的安全生产活动提供可靠保障。一分耕耘，一分收获，长期以来，他所在的公司没有发生过一起重大人身伤亡责任事故。

对于池长记，和他一起工作了九年的刘国斌是又敬又怕。"池哥对自己要求严苛，做事一丝不苟，对我们也是铁面无私。"他笑着说，"比如我的检测报告，有时候自己太粗心没有发现的细节错误，他会一眼看出，当场黑脸。想在他那里蒙混过关，是不可能的。"

就这样在他一遍遍地严格要求、言传身教下，刚入单位的员工从初出茅庐的新手，一个个蜕变成专业细致的检测人。在他的带领下，检测部产值逐年快速增长，质量不断提高，他带头围绕"人、机、料、法、环、测"这个核心，开展各项试验检测工作，检验报告一次抽查出错率小于1‰。

勇于创新的实干家

长期以来，池长记一直坚持在公路水运工程建设检测的第一线，始终遵循"以技术为根、以客户为本、以诚信为基、以质量为命"的工作态度。他对待问题，总爱带着一串问号，铆

心比针细的"黑面王"池长记生活中很友善

足一股钻劲，甚至有一点迷劲。一个新问题，得到解决后，他仍不满足，一定要知其所以然，为此经常学习一整套相关知识，钻研起问题，更是经常到深夜甚至通宵，不厌其烦，力求完美。

2006年，身为试验检测员的他，主要负责沥青配合比设计项目组建和实施。他一边查阅收集大量有关资料，一边深入施工现场调查取样，熟悉掌握沥青配合比设计的试验技术。在保证各项指标均符合标准下，他结合实际情况优化结构、合理设计，为客户减低施工成本，创造了巨大的效益。

2009年，公司拓展了交通安全设施、土工合成材料、钢绞线、锚夹具及隧道等多项甲级增项检测参数。作为此次增项的牵头人，面临诸多的困难，他临危不惧，反复翻阅书籍，查阅网站学习相关知识，实在搞不懂就去问老前辈，微博也是他的学习天堂。他说："我经常看知名专家的微博，里面有很多有用的东西，别人提的问题我会看，实在想不懂的也在上面求助一下。"

理论学到了，关键在于实践。这个时候你就经常会在实验室里，看到他忙碌的身影。就这样，池长记在不断的实践中掌握各种新的检测手段。为了减少资金投入，他从设备入手实行"源头控制"，利用公司现有的检测设备，进行技术改造和升级，节约使用面积。他还千方百计地争取用最合理、最优化的方法，解决出现的新问题，最后顺利通过甲级增项的评审，为温州地区交通安全设施、隧道、土工合成材料等项目的试验检测，填补了空白。

然而，谈到生活，池长记却仿佛一下子被问住了，没有对工作侃侃而谈的感觉。他说："我不会把工作的压力带到生活中去。但有时加班加点，家人还是会有一些抱怨。我知道他们是出于关心。"

因为繁忙的工作，池长记陪家人孩子的时间并不多。如今女儿10岁了，上小学二年级，在他眼中我看出了一个父亲对孩子的愧疚。"现在好了，不像以前天天在外面检测，也有一些时间陪孩子了。"而问起父女俩经常去的地方，答案在情理之中预料之外：图书馆。"她可以看她喜欢的书，我也可以看书。大家一起学习。"

说到工作中最让他感到高兴的事，他神采奕奕："过去十几年，我检测过的路、桥有很多，等到工程竣工投入使用之后再去那里，感觉特别欣慰和骄傲。"而对未来，他依然坚持最初的信念：一定要把温州的交通工程质量检测保证做到更好！

最美手记：

池长记，工作中的拼命郎，短短的采访，让记者深刻认识到他身上永不放弃、踏实向上的美好品质。在质监路上，每一滴汗水都是最好的雨露，也是检测路上最好的探测灯。池长记，一路汗水，一路高歌，坚守岗位的承诺与信念，让他绽放生命的华光。

作者 李 冉

恪尽职守的检测卫士

方继伟，1971年出生，1993年毕业于兰州铁道学院桥梁工程专业。曾经在中铁四局、鄞县交通局、宁波高速公路公路实验室工作过。现任宁波市交通建设工程试验检测中心有限公司总经理，浙江省实验室资质认定评审组长，国家实验室认可委实习评审员。

他多次被评为公司年度先进个人，还被省交通厅授予2009年度浙江省公路水运工程试验检测专项治理先进个人。2014年，他被评为浙江交通质监行业十大最美检测人。

方继伟：检测达人炼成记

那是一个平常的再不能平常的晚上，方继伟却躺在床上辗转反侧。虽然因为生病，方继伟有点迷糊，但是他却做出了一个对他今后人生有着关键作用的决定：放弃稳定又有前途的国字号单位"中铁四局"，回到自己的家乡宁波，甚至连档案都来不及处理。"为家乡的交通做点贡献。"这是当时方继伟脑海中坚定的念头。这个念头，伴随着他今后21年的人生。而那一年，他正好23岁。

精细点　再精细点

1990年代就从大学毕业的方继伟，起点并不算低。在毕业后的第一年，在中铁四局二处时，他就参与了沪宁高速公路唯亭大桥的建设。和所有建设者一样，生活、工作都在工地的他，体会到的除了枯燥，就是无聊。但是，方继伟却认为这是一个学习的好机会。作为技术人员的他，白天的工作是放样，到了晚上，他做得最多的事情就是看图纸。"当时和工人们吃住都一起，看到基层，学到东西也很多。"

1994年，他回到了家乡后，先后干过施工、设计、监理、检测。在宁波地区做交通检测工作有其特殊的地域特点。比如说，桥梁检测时，经常要面对巨大的海风。人站在挂篮式的桥梁检测车上，距离海平面30米是常态。30米是什么概念？就是说人要站在至少10层楼的高度，而下面几乎是凌空的。

而除了检查桥梁外,检查隧道时也同样面临着恶劣的环境和极高的要求。比如,在一个长达3公里的隧道做检测作业时,不仅通风条件有限,往往公路还处于正常通行中,存在着一定的安全隐患。在这样的条件下,隧道检测通常是靠着手电筒,通过肉眼检查是否有长约0.3~0.4毫米的裂缝。"0.3~0.4毫米是什么概念?"记者不由得问道。他说:"一根头发丝的厚度约是0.07毫米"。看着记者越发疑惑的表情,他解释道:"并不是漫无目的地看,而是找特别容易出问题的地方,比如梁板以下的位置。"从此,生活中的他也形成了一个职业习惯,就是看到建筑物的时候,会不自觉地去看梁以下的位置。

方继伟认为,
只要努力,就没有完成不了的任务

长年的精细观察,让方继伟练就了"火眼金睛",比别人更快更准确地诊断出交通建筑物的问题。有时在做桩基检测时,根据检测的波形,他可以基本判断出这座桥出现了什么问题。

而在一线辛苦摸爬滚打了8年后,方继伟终于迎来了一次量变到质变的改变。2002年,刚满30岁的方继伟进入到宁波市交通建设工程试验检测中心工作,他接到一个任务,要参与中心实验室的筹建。筹建过程中,还要进行实验室的计量认证。当时,省里尚缺乏经过计量认真的实验室,一切工作都是"摸着石头过河"。

为了准备相关材料,方继伟和他的团队开启了"5+2"、"白加黑"的工作模式。"当时没有想别的,就想着怎么把这个事情做好,如果没做好,就不要睡觉了。"方继伟告诉记者,"记得当时的加班费是60元/天,那一年我光是加班费我就拿了7000元。"经过项目参数确定、标准选择、设备选购等方面的努力,宁波市交通建设工程试验检测中心成了浙江省首家通过计量认证的实验室。

"要做就要到最好,最权威。"秉承着这一理念,之后若干年,在方继伟的主持下,实验室先后获得了公路工程综合甲级、桥梁隧道专项、水运工程材料甲级和水运工程结构乙级资质,同时通过国家实验室认可。

业务越做越精通,他本人也成为浙江省实验室资质认定评审组长,国家实验室认可委实习评审员。

检测的世界不要有误差

一线的工作除了让方继伟成为资质方面的专家,还成了设备维修与开发的达人。检测工作需要用到各种设备。平时碰到一些设备小故障,还没来得及等生产厂家派人来维修,方继伟就可以自己动手完成简单地修理。

有一次,当厂家维修技术人员赶到宁波来维修进口设备时,发现方继伟已经自己拆开了机器,完成了设备的维修,不由得对他刮目相看。有时,方继伟还根据自己工作的实践经验,与设备生产厂家共同研发机器。比如,由他们研发的钢绞线松弛试验机和静载锚固试验系统等设备,就受到了其他检测中心的欢迎。

2003年年底,他开始尝试开辟监理第三方试验检测市场的模式,克服了选址、布设、设备采购等方面的多重困难,分别在杭州湾跨海大桥、宁波绕城高速公路、穿好公路、象山港大桥、胜陆公路、余慈高速等项目组建了等中心试验室。值得一提的是,在胜陆公路桩基静载试验中,为指挥部提供技术数据,使建设项目节省了2000多万元资金。

"现代的检测工作不仅要在施工建设期,还应贯穿在养护期。通过检测达到预防型养护的功能,以排除危险。"方继伟如是说。于是,2008年开始,方继伟和他的团队分成了3个小组,对宁波全市境内国省道上的463座桥梁进行检测。因为要在3个月内完成全部检测工作以排除隐患,有时他们一天要检上4~5座桥梁。

在检查所有桥梁时,方继伟和他的团队,有时要登上斜拉桥主跨上愈百米高的塔壁,有时要爬进不透气、不通风还常常漆黑一片的箱梁内看箱内情况。还有的时候,碰到梁底下的臭水沟,他们只是习惯性地笑笑,互相打趣道:"臭没辙啊,也得干啊!""天热的

方继伟对各项设备都十分精通

时候总不能等了天凉快了再做检测工作吧，就只能自己多带点水。"

作业的高强度并没有让方继伟放弃作业的精准度。在对桥梁进行大批量定期检查的同时，他制定了大量检查表格和《桥梁检测手册》，统一了评定标准，还主持开发了桥梁管理系统和边坡管理系统等软件。而为了保证报告的质量，他放弃了大部分休息时间，利用周末和晚上时间加班加点，亲自审核检测报告，保证了报告的准确性及时性，有效确保了公司质量目标的实现。

业务精湛的方继伟，越来越受到业内人士、客户甚至厂方的肯定。然而，他却不满足于此，"如果有机会，我还是想再读个研究生或者博士。因为我希望检测世界的数据能尽量准确，我们出的报告要对得起客户，要经得起时间的考验，不要有误差。"

从"达人"到"达团"

如今，每到周六，方继伟都会去一个地方，那就是宁波市交通建设工程试验检测中心的新办公大楼。现在，他的职务是检测中心的总经理。每当他看着这幢大楼正按照他的蓝图一步步建设成型，他仿佛看着他正带领着自己的团队一步又一步把接近他们的梦想。

"公司的未来目标是集检测技术、数据分析、技术咨询、培训服务为一体的一流技术、一流设备、一流管理综合性试验检测服务机构。"堪称检测达人的方继伟的下一个目标是打造他的"达团"——争创检测行业的四个国内"一流"。

在他的蓝图里，"一流"包括了一流的设备、一流的技术、一流的管理、一流的服务。却唯独没有提到人才。他说："我觉得事业发展，人才是最重要的。但是目前的环境，我们很难招到特别优秀的人才。既然单个人不一定比得上别人，那我们就要打造一流的团队。"

为了留住优秀的人才，据说他还帮助一名公司员工的女朋友介绍了一份工作。在他的员工看来，平时的"方总"是随和的；但是在进行检测操作作业，一定要求检测人员按照规范操作，以确保检测数据准确与真实的"方总"，又是绝对严格而又严肃的。

对，准确与真实，这是方继伟工作的信条，也应该是所有检测从业人员谨遵的世界观。

最美手记：

当最美遇上专业，方继伟给出的答案叫作精益求精。在他的身上，我既感到了他为人的宽厚，又真实看到了他对于专业的"吹毛求疵"。而当我惊诧于他在专业上的每一个成就时，他却总是轻描淡写，认为是理所应当，想要简单略过。一步又一步踏实地走来，让我们看到了这一个"最美"人物真诚而又厚重的步伐。

作者 陈 佳

恪尽职守的检测卫士

范翔，1982年出生，毕业于长沙市交通学院工程管理专业。毕业后，分别在金华市交通工程试验检测中心以及金华市天平交通工程试验检测咨询有限公司，从事试验检测工作，一做就是15年。

2006年以来，他年年被评为优秀员工。他所在的单位也先后被浙江省交通运输厅评为"浙江省公路水运工程试验检测专项治理工作先进单位"，被中共金华市委金华市人民政府评为"文明单位"。2014年，他被评为浙江交通质监行业十大最美检测人。

范翔：用坚守和付出绽放美丽

他是公司里为数不多的80后科长，工作起来一丝不苟，从不懈怠；

他凭借努力，谦虚好学，从一名技术员晋升为检测工程师；

他是公司里的"好人缘""好同事"，同事们说起他，都要点个赞……

坚守是幽梅怒放在严寒的不惧，坚守是"咬定青山不放松"的执着，是不容动摇的坚贞，坚守并不一定要成就惊人的伟业，只是在属于自己的那份田地里细细耕耘，仔细呵护，在坚守中绽放美丽！

因为有了坚持和付出，小草才能破土而出，以见天日；因为有了坚持和付出，雏鹰才能学会飞翔，搏击长空；因为有了坚持和付出，人们才能挑战极限，创造奇迹……坚持和付出，也是一种美丽。

专业不对口，边学边干终能独当一面

"他是个不怎么爱讲话的人，有一种踏实的感觉，做起事来认真负责，叫他办的事儿大家都很放心……"在范翔办公室里，大家对他的评价如出一辙。

他，在工程试验检测岗位一干就15年。

1982年出生的范翔，有着这个年龄段少有的成熟和稳重，现在他是金华市天平交通工程试验检测咨询公司（以下简称金华天平检测公司）力学（桥隧）科科长。用大家的话说，他是个年轻有为的小伙子。

2000年，19岁的范翔毕业于浙江省公路技师学院（原浙江公路机械技工学校）。他个头不高，话语不多，算得上是个典型的工科男，说起话来声音浑厚，有条不紊，微胖的身形，略圆的脸上戴着一副眼睛，话语间透露着谦虚和严谨。

1999年，一个偶然的机会，范翔来到了金华市交通工程试验检测中心实习。这是金华天平检测公司的前身。实习期间范翔，勤劳肯干，热心学习，刻苦钻研，让公司领导很是欣赏，2000年，范翔正式加入天平公司，岗位是试验检测员，负责对工程质量、工程原材料等进行实体定质定量分析。

"以当时他的条件，完全有可能找到更好的企业和单位，但范翔还是个重情重义的小伙子……"公司总经理助理骆晓凌半开玩笑地说。

刚进单位不久的范翔，坦言自己当初也曾有过迷茫，因为专业的"不对口"。大学里，范翔修的是路桥专业，现在当起了检测员，身份的差异，还是让他有点不适应。"由于当时学校里的设置的学科还不是很完善，当初都没有检测这个专业，想学都学不到，只能靠师傅带，自己摸索学习……"

2003年，范翔迎来了他在公司的第一个艰巨任务。时值浙江省质量技术监督局对天平公司进行计量认证，这对公司是一次"大考试"。而作为当时公司里为数不多的年轻人，既对计算机操作熟练，又懂行，又认真负责的"小范"和其他两名同事被委以重任，历经三天两夜，范翔坐在电脑面前一页一页地核对资料，翻阅文档，绘制图表……眼睛肿了，腰累得痛，他和两名同事也没说什么。在大家休息的深夜里，他们将质量报告如期高质量地完成，使公司顺利通过了考试。

鏖战在东永高速交付前夕

认准了的事情，不要优柔寡断；

范翔正通过回弹法检测混凝土构件强度

第四篇 恪尽职守的检测卫士

有时候，没有下一次，人生没有机会重来，没有暂停继续。不管你决定做什么，不管你为自己的人生设定了多少目标，决定你成功的永远是你自己的行动。

只有行动赋予生命以力量，只有你的行动，决定你的价值。心中有爱，生活就是富足的，工作就是愉快的，人生就是美丽的，事业就是有成的。

2014年12月22日至2015年1月11日这21天时间里，是东永高速即将竣工交付的前夕，也是金华天平检测里"忙疯了"的日子。

金华天平检测公司是一家主要负责交通工程交竣工专业的检测单位，在东永高速公路交工检测中，约有44公里多的里程，其中大小桥梁90座，隧道3个等。2014年12月底至2015年年初的这段时间里，时值东永高速即将竣工验收。为了这项多年的高速公路工程能够如期交付，不拖后腿，深夜里，天平公司各个办公室的灯常常彻夜不灭，大家常常白天在工地，晚上在办公室。

在范翔办公室里，办公桌上铺满了各种各样的检测材料，这些都是白天在工地上一项一项数据采集出来的，这个晚上，范翔需要将这些检测数据一一进行归纳、核对，并按照检测报告的要求一项项录入电脑。

"这些数据必须当天完成整理，明天还有明天的数据，一旦积累多了，到时候我自己也会搞不清楚了……"范翔斩钉截铁地说，当日事，当日毕。在范翔脚下的垃圾桶里，几个泡面盒子还冒着热气。此时钟表的时间的晚上11点45分，他的"晚班"才刚开始不到1个小时。

当日事，当日毕。白天7点钟就要早早出门上工地检测，中午在工地上吃的是盒饭，晚上常常要到10点钟才能从工地回到办公室。12月底，隆冬的季节，范翔自己也记不清已经几天没回家了。

要如期完成一本厚达494页的《东永高速交工质量检测桥梁工程外观检查报告》，时间对范翔而言简直不够用，最忙的时候几乎连续加班三天两夜，范翔硬是凭借着一把老黄牛的"闷劲儿"，将厚厚的一本检测报告如期交了出来。其间的辛苦，他最清楚。

多年来，公司里每每有大的任务来临，必有范翔的身影。上路检测临时缺人手、下雨天在工地上抡起检测设备就走、在单位实验室里一呆就是一天……

"交给他干的活，我们都能放心，他也比较能吃苦，这样的年轻人很难得。"既是当年进门时的师傅，也是范翔现任领导的金华天平检测公司总经理张英志说。从到单位开始，

在大任务来临之时，
范翔在单位实验室里一呆就是一天

这十几年来，范翔一直没有变，没有因工资低而"左顾右盼"，没有因身上的任务重而"说三道四"，也没有因为个人原因而对工作产生过大的影响。"一直以来，都给人一种踏实的感觉，这是单位里大家都认可的。"张英志说。

经历成长，最美花朵终绽放

劳动之美，在于敬业爱岗；用心服务，才能顾客认同。再普通平凡的岗位，其实都有拓展的空间，关键是你愿不愿意干、想不想干好。实现梦想，不能白日做梦，需要一步一个脚印付出努力。

任何事都是要有付出才会有回报的，俗话说，种瓜得瓜，种豆得豆，就是这个道理。要获得事业的成功，除了有理想一定能实现的坚定信念和义无反顾一往无前的精神外，还必须付出莫大的努力。

2015年，公司又迎来三年一次的计量论证复查，有200多个技术参数，有些是扩项的，而扩项参数是新项目，有些还没有做过，申报工作量大，困难多。公司为了顺利通过计量论证复查，成立工作小组。毫无疑问，范翔又成为公司计量论证复查工作的领头人。

由于人手紧，正常的试验检测又不能停下来，范翔都是在做好分内工作后，加班加点对计量论证复查进行资料收集整理，开展模拟试验、比对试验等等。2015年农历正月初六，员工们还在家休息，他已在公司工作了。值班领导好奇地问他："你怎么那么早就来上班了？"他说："妻子大概3月中旬要临产了，怕误了申报工作，我尽量把一些工作往前赶。"

范翔有些腼腆，他那"老黄牛"形象让人历久弥新，不明白的问题，他会扑下身子向老同志请教，向年轻人学习；特别在新项目开展，他会第一个去研究，先试先做，会了再指导其他员工。

在公司员工眼里，范翔是大家"点赞"的好同事；在公司领导心中，范翔办任何事都是放心的好员工。

谁有问题会记着找范翔，计算机的、检测上的、家里的电子设备有问题的；同事们，见到范翔都会热情的招呼，视为好兄弟，好朋友，他有着大家羡慕的好人缘。因为热心、踏实、乐于助人，范翔在公司里已经成为独当一面的优秀职工，每年的单位的奖励，范翔的名字都赫然在列。

如今，这个普通的年轻人已经成为一名中共预备党员，去年又被评为浙江省交通工程质检系统最美检测人。在范翔的办公室里，一项项荣誉，是诠释他多年努力工作的最好见证。这位普通的年轻人，凭借着自己多年的努力，终于盛开为一朵美丽的花朵。

最美手记：

范翔总是自谦地说，自己是个普普通通的试验检测员，不求功名利禄，只求全力以赴。公平、公正、科学地出具检测报告就是他的职责所在。坚守了15年，范翔接待过不计其数的客户、业主，无论是谁，他始终微笑面对。因为热爱，他将继续一步一个脚印，坚定不移地在这个特殊的岗位上走下去，继续谱写着青春之歌、奉献之歌，因为简单因坚持而伟大，青春因付出而美丽！

作者 徐益丰

恪尽职守的检测卫士

刘建强，1976年出生，现任长兴县交通勘测设计所副所长，试验检测室主任。1999年成为该设计所一名检测员，曾参与多条高速公路、国省道工程建设。2011年，他参与长兴县交通质监站前期筹建，后任长兴县交通运输局质监站副站长，分管质量、检测工作。

他曾获省交通运输厅先进个人、长兴县基层党组织和党员创先争优闪光言行100例、"长兴县十佳好青年"等荣誉。2014年，他被评为浙江交通质监行业十大最美检测人。

刘建强：军姿依旧挺拔

他是交通基层质监站带头人、省试验检测专家库成员，他是长兴十佳好青年、千分之一的首批驻港军人……他，叫刘建强，矫健的身材，豪爽的性格。初识长兴县交通运输局质监站副站长刘建强，扑面而来的，都是那种退伍不褪色的军人英姿与老友重逢般的真诚热情。

钻研技术，何惧辛苦

刘建强是湖州长兴人，1994年毕业于长兴职业技术学校土木工程专业，这一年也是他生命中特别闪亮的一年。因为身体素质、道德水平、综合技能各方面的出类拔萃，在十几亿同胞中，他被选中为海陆空各1000名的首批驻港军人。分离已久的东方之珠——香港即将回归祖国怀抱，每一个华夏儿女都迫不及待地等着团圆。他们，是最先亲近香港的一批人，这是怎样的荣耀？每天单调的列队、跑步、无休无止的训练……不管多么辛苦，他们都甘之如饴。

几年后，刘建强复员归来，但这一经历已烙进他心海，深深影响着他之后的思维模式与行事方式，让他无论面对怎样的困难与危险，都不畏惧，不退缩，信心满满，怀抱感恩。

1999年，刘建强初次来到长兴县交通勘测设计所，至今已16年。这期间，他曾在监理、设计、检测、质监等各个岗位任职，现在他是副所长、主任、高级工程师、全省专家库成员，也算这个行业的行家里手了。但最初进入检测行业，刘建强并不顺利。他学的不是这个专业，每天面对钢筋、水泥、石子、黄沙，也让他感到小小的挫败。

彷徨时刻，拯救他的是他朴实如山的师傅，就在他被做水泥、石子试验弄得灰头土脸的时候，师傅高高兴兴地把他领到单位附近的一家小饭店，饱餐一顿后推心置腹地跟他说，"不要看这些原材料试验烦，它们都是工程建设的基础，不仅可以判断工程的质量，同时，可根据试验检测数据，改善路面设计、优化公路改造方案、提高路网养护水平，并且提高路面长期使用性能，做好了也是受人尊敬的行业。你看施工单位，要造那么桥、修那么多路、造福那么多人，他们遇到困难了，打个电话，我们就可能帮到他们。"师傅的话让他豁然开朗，军人的不服输性格也在他身上迅速蒸腾：我刘建强就奈何不了一个小小的试验吗？

之后再回到试验室，再看这些石子水泥，刘建强的感觉全不一样了，他第一次感到从事检测工作以来，自己的内心这么安静，第一次这么顺利地完成了检测项目的所有流程，第一次发现，原来自己也可以做好这份工作，而且做得这么快乐。

从此他更加勤奋地工作，白天跑现场，晚上看资料；更加努力地学习，跟师傅学，跟同事学，跟书本学，像海绵一样不知疲倦地吸收。他要让自己足够专业，因为检测的核心价值，就是要通过自己的专业技术能力，主动为工程加快进度、降低成本、提高施工质量提供服务。

比如通过反复检测，形成一定的经验，当施工单位料源送过来，对于明显的不恰当，第一时间你就能告诉他合不合适，而不是即使对于一目了然的问题，也要通过复杂漫长的检测。这就像医生，首先要望闻问切，而不是任何小毛小病都要先去化验拍片。

"像四号桥石子就不能用在梁板上。如果施工单位送来的是四号桥料，又用在梁板上，我就能第一时间告诉他，这个不行的，我们确认过了。施工单位就不用费钱费时间费周折，等我们经过复杂检验后再做调整。"为此，他曾跑遍长兴的矿山，把重要的矿源一一取来实验比对，每一种料源适合用在路桥的哪个部位，都弄得一清二楚，他说，"我们是服务性单位，就是要以我们的专业技术能力，做好服务，通过反复试验配合比，比如原来要用50斤水泥的，现在40斤就能达到同样甚至更好的效果，就能为工程节省成本。"

就是凭借这样的刻苦与勤奋，刘建强写出了一篇篇论文，获得了一项项技能，终于在不长时间里，从一个门外汉成为一个业务骨干、行业专家。

秉持着刻苦与勤奋,刘建强扎根在检测一线

培育队伍,不遗余力

没有完美的个人,只有完美的团队。一枝独秀不是春,万紫千红春满园。这些话在刘建强成为副所长和主任后,感受日深。自从进入单位领导班子,除了重要的桥梁交竣工阶段要全程跟踪,他把更多的精力放到了队伍管理和文明创建上。

70后的刘建强,开放地接收着各种新事务,单位建有QQ群、微信群。每天下班前,他要检查各部门一天的工作落实情况,同时要求3个部门组长把第二天的工作重点发到群里。他会第一时间审阅这些重点,并附上指导意见和注意事项。

相对于事事亲力亲为,他现在更首重培养年轻人。单位的"传帮带"传统一直发扬得很好,新人进来跟哪个师傅学,马上会分配好。单位哪位面比较弱,就派出去驻点学,比如沥青,江苏的某实验室做得好,就派这方面有悟性的同志驻点到江苏学习。

他经常性地在单位举办技能比武,这让队伍始终处在一种活泼的比学赶超氛围中。他建立了一整套的质量考核及奖惩办法,让每一位员工都干得有目标、有激情。

学业务要"走出去,请进来",井底之蛙永远不知道天空的样子。尽管长兴县交通勘测设计所试验检测室已是湖州仅有的两家乙级检测机构之一,他始终相信天外有天。比如到温州大伟检测有限公司参观后,他们的窗口式服务就让他很受启发,并在回来后全面革新单位管理和软硬件环境。

"他们人也不多,但走进去每个人的精神面貌都很好,单位环境也很好,窗口服务非常人性,整个团队很有凝聚力。"都说同行相妒,但刘建强说到这家温州同行,却满满都是钦佩。见贤思齐,刘建强带队看了人家的长处,回来就开始研究自己单位的文明创建,而且多措并举,扎实有效地开展了一系列文明单位创建活动。比如通过星期一夜校、党员学习会形成团结奋进、积极进取的文明检测机构奠定思想基础;通过拔河比赛、篮球比赛等文体活动,增强职工凝聚力和向心力;通过夏日送清凉、做一天养路工人等公益行动为基层服务,建立服务型检测机构,同时,通过完善工作制度,健全工作流程,拓展检测业务范围,加大新项目开发,选派员工培训学习等固本强元,进一步提高检测服务工程的能力。

并强化基础设施建设,改善办公条件,为全体职工营造了优美舒适的环境,让业务工作、党、工、团建设和文明示范窗口创建工作"两手抓、两手硬"。

现在当你来到刘建强负责的检测室,整洁优雅的办公环境,宾至

刘建强(右1)和同事在桥上检测

如归的窗口服务,一目了然的服务细则,每个人脸上的笑容……都让你感叹这是一个由内而外的文明示范窗口。

热心公益,义不容辞

军人的热血与热心还成就了刘建强"长兴十佳好青年"的美名。刘建强的姐姐在社区工作,社区经常会发起一些服务百姓的微心愿,比如帮社区打扫卫生,陪伴孤寡老人……刘建强是这个社区最积极的义工。老吾老以及人之老,每当周末或节假日,在看望完自己的父母之后,他就会想到这些需要帮助的人。

刘建强有个前同事,曾在设计所共事,离开单位多年后罹患癌症。刘建强得知后,当即买了票,从长兴风尘仆仆地带着钱和礼品赶到杭州去看他,事后又发动募捐,不但向单位同事,还向自己所有的熟人、朋友,一个个打电话过去,他要用人间的真情对抗病魔的无情。

当扶不扶成为一个问题时,刘建强奋不顾身勇斗歹徒的事,又让整个长兴为之喝彩:有一次他在大街上看到两个小偷正在偷一个老人的钱,老人试图自卫,俩小偷竟狠打老人,这一幕刚好被刘建强看见。路见不平一声吼,他立马一个箭步冲上去,将俩小偷一手一个撂倒,这番身手依稀又是当年的军人风采。

对朋友柔情对弱者仗义的刘建强,在工程质量问题上却是铁面无私。有一次他去煤山两座桥做交竣工检测,发现梁板、支座严重剪切变形。这可能会使上部构造受力不均,对结构产生不利影响,减少桥梁使用寿命。他立马要求施工单位返工更换。

施工单位百般不愿,因为返工可能导致他们不能按时拿到工程款,工人工资发不出。于是有给他偷偷塞钱的,有变着法子请吃送礼的,甚至还有人威胁他人身安全的,但他都

不为所动，最终不折不扣地捍卫了工程质量。

做检测，有许多户外工作，风里来，雨里去。每年7～9月天气最热时，也正是施工大干快上、检测最忙时；检测不合格，要让施工单位返工，施工单位也常有不理解……从事检测这些年，有过苦，有过泪，但刘建强心里始终存着一份小小的骄傲："我为家乡的百姓走安心路，过安心桥，出过一份力，尽过一份心。"

> **最美手记：**
>
> 　　当国家需要时，他义无反顾；当人民需要时，他奋不顾身；当事业需要时，他任劳任怨。平常日子，把本职工作做到最好，危急时刻，让世界因我而温暖……刘建强这样理解着心中的最美，也这样诠释着和平时代的军姿。
>
> 作者　陈　爱

恪尽职守的检测卫士

商峻,1978年出生。1995年,他成为金华县交通工程公司的一名试验检测员。凭借自身努力,他先后取得了试验检测工程师、监理工程师、建造师,2012年被评为高级工程师,任职金华市正达试验检测有限公司董事长。

因为工作成绩突出,他多次被评为公司先进个人、优秀管理者、优秀共产党员。2014年,他被评为浙江交通质监行业十大最美检测人。

商峻:脚踏实地的"践行者"

在专业学科上,他是坚守基层、热衷于交通科研的"学霸";在日常工作中,他同职工下菜地,种蔬菜、养鸭子,是个"接地气"的董事长。

"搭把手"与"独当一面"

提起商峻,金华试验检测的圈子里很多人都会说——"我的朋友"。高挑个头,黝黑的肤色,微微隆起的颧骨,一副厚厚的眼镜透露着学识,说起话来总是轻声细语,带着平和与沉着,他的角色是金华市正达试验检测有限公司董事长。

1995年,城市建设专业的商峻毕业于杭州市城建工程学校(现为杭州市科技职业技术学院),在老家金华找到了一份专业对口的试验检测工作。公司是金华县交通工程公司,在公司23个人中,他是最年轻的一个。虽然专业上"顺风顺水",但从理论走向实践,还有着巨大差异。"样样都从头学,师傅告诉我把课本上的全'忘掉',从最简单的工程施工学起。"商峻笑着回忆。

刚毕业的那年,商峻把宿舍从学校搬到了工地,长期吃住在施工现场。"看看有什么活能帮着干的,就搭把手。大部分时间都是站在旁边看、跟着别人后面学。"在工地上,靠着"干零活"的钻劲儿,商峻逐渐学会了基础的检测工作,成了一名工地试验检测员。

商峻（右2）在工地进行试验检测工作

1996年，在公司承接的330国道白沙溪大桥项目检测工作中，商峻第一次真正意义上参与检测工作，"那时候做检测没有底气，一下子从帮忙到自己独立工作，有点像断了线的风筝，找不准方向。"商峻说，靠着自己那时候年轻，勤奋能吃苦，白天下工地干活，晚上回来整理资料，看书学习。凭着韧劲儿，他先后从事过施工、监理、检测，从工地试验室主任、检测科科长，再到后来的公司副总经理到后来的总经理、董事长。

商峻是大家眼中的"学霸"，因为在业余时间里，他先后完成了试验检测工程师、监理工程师、建造师等资格证书考试，还在2008年进修了本科学位。2012年，被评为高级工程师，从业七年，商峻终从"搭把手"的实习生成为了"独当一面"的公司骨干。

20年试验检测工作，近一半的工地生活，时至今日，他仍觉得自己的工作任重而道远。

三过家门而不入

工地到宿舍，宿舍到工地，"两点一线"的生活，深山老林的陌生环境，商峻的职业生涯初期，大多与工地有着不解之缘。

1995年，刚毕业的商峻正在当时的330国道白沙溪大桥项目中参与试验检测。巧合的是，白沙溪大桥的工地事实上距离他家只有1公里的路。"那时候刚毕业，到工地上帮忙，感觉有太多东西需要学习了。"商峻说，考虑再三，为了不耽误工作和跟师傅多学习，尽管家就在咫尺之间，商峻毅然选择了住在工地上，而且一连好几个月。

家里人非常不理解，尤其是商峻的母亲。"你回来住吧！""工地上睡得好吗？""这么近你都不回来，白养你了。"心疼儿子，母亲隔三岔五都要发一顿牢骚。七八月份的天气，三十五六度的烈日，工地上格外热，商峻把浸湿的衬衫穿在身上解暑，背着检测工具在桥上一干就是数小时，皮肤晒得生疼。

有一次，商峻出去办事路过家门口，没有跨进门，后来同事们调侃他学古人大禹，"三过家门而不入"。其实，商峻怕母亲埋怨他、挂念他，问他吃得好不好，睡得怎么样。"有好几次母亲要去工地看望我，都被我拒绝了……年轻人多吃苦是好事。"商峻一边向记者讲述，一边回味着那段青葱岁月。

一个项目，一次人生蜕变

不积跬步无以至千里。

对于商峻来说，每一次经历都给他以化蛹成蝶般的洗礼，诸永高速（温州段）项目就是这样的一次不凡的经历。

2005年3月，商峻作为项目负责人被分配到诸永高速（温州段）。1.6亿元，在当时是公司最大的一个项目了。"本想这是一次机会，可以更好地得到锻炼，然而事情却难以预料……"商峻没想到，该项目在建设过程中，因资金问题出现了工期延误，原本2年的工期，拖了三四年，一班人马被套在了项目上。工资发不出、合同前途未卜，是干还是不干？"大年二十九了，我们还在工地上，回不了家。"商峻摇摇头说，那一次，就好像我人生的一次转弯，让我用不同的视角、不同的心态看待这份工作。

卧在宿舍的床头，商峻开始有了许多思考。以前，他是一名技术工，只要把活干好就万事大吉；现在，作为项目负责人，他需要肩负的责任多到他自己未曾预料。大年二十九的夜里，商峻躺在破旧的床头，心里想念的还不满2岁的孩子和月余未曾谋面的家人。

这次事件之后，商峻有了完全不同的工作态度和方式，"如果说以前我只要把专业的事情做好，现在一件事情我要考虑一整套的应对方案和解决办法。"所幸的是，后来诸永高速（温州段）经过多部门的努力协调，得以圆满收场。坎坷的路上也会露出来别样的彩虹，商峻心想。

火车跑得快，全靠车头带

1995～2008年，13个项目吃住在工地；2008年至今，累计参与检测项目50多个。其中，多个项目荣获嘉奖。如1997年的330国道兰溪段工程荣获浙江交通杯优质工程；金丽温高速8标被推荐为"部级样板工程"，是浙江省内唯一一个以90以上的高分参与获评的项目，这是商峻的一部分人生轨迹。

每项荣誉的背后，往往都有着常人难以想象的困难和故事。

2005年诸永高速项目中，80年一遇的大水，冲走了商峻的办公室。同事们浴血抢险，才保下了价值不菲的检测设备。辛苦是小事情，关键是要有价值。

自从 2005 年以后，逐步走向管理层的商峻，开始谋划如何带领公司实现快跑。除了自身在业务上的钻研，商峻带领公司技术骨干开始了技术创新。几年间，技术团队先后开展了《蓄能型自发光交通安全标识路用性能及测试技术研究》、《土壤固化剂处治粘土固化机理及路用性能研究》等课题，成果荣获了中国公路科学技术奖和浙江省公路学会科学技术奖及浙江省交通运输行业第三批节能减排示范项目、2014 年全国首批绿色循环低碳示范项目等殊荣。

2013 年，商峻公司团队成功获得了浦江县 20 省道 5 个施工标段共同委托的第三方检测单位资格，成为金华市史上的第一个第三方检测试点项目，被视为第一个"吃螃蟹"的人。

2008 年，商峻所在的正达检测公司 10 个人，年产值 50 万元；8 年后，公司年产值猛增至 1100 万元，疯狂增长近 20 倍。以商峻为核心的团队，在 2012 年还成功升级为公路工程综合乙级资质，使公司有机会在更广阔的平台上建树新的检测风景。

日前，正达检测公司还与高校浙师大签订了战略合作协议，双方将通过产、学、研模式合作，开辟新的行业发展空间。

公司是员工的家

在正达检测公司门口，除了牌匾，富有创意的 LOGO 吸引了记者的眼球。一个椭圆形的圆环，中间镶嵌着字母 Z，上一半环形是红色，下面半环是蓝色。问及含义，商峻说："红色代表热情、公正、责任，蓝色代表专业、严谨，字母 Z 则代表着'重合同，守信用'。"

在正达检测公司，员工穿的都是统一的制服，说话办事都透露着干练、诚恳。在公司的空地上，员工种起了各类蔬菜以便自给自足，"中午大家围坐一桌，吃饭聊天，就像一家人。"新来的员工告诉记者，公司有一种家一般的温暖。

让员工有家的归属感，是商峻在管理上的一种文化理念。"只有让员工有归属感、认同感和荣誉感，团队力量才能发挥到最大。"作为一位领导者，商峻始终把集体放在第一位，以集体利益为重，把员工的困难当作自己的困难。

除了让员工上班有家的感觉，在员工素质培养上，他也有别致的方法。每个月，公司会开展不同主题的培训，培训之后要进行考试，奖惩分明。及格并优秀的奖励，不合格的就要"罚"。"目前，不及格的我们会罚抄试卷。"这种对待小学生的办法实际上很有效，很多新来员工很快就通过"捷径"背下了相关规程等。

正是这份责任与担当，让商峻在职场上收获了众多荣誉。

最美手记：

　　对于商峻而言，最美是脚踏实地的践行，是青春和汗水的坚持。一年365天，他平均330天在公司、工地、实验室度过。检测对于他而言，或许已经成为人生中不可或缺的一部分。平凡之处见最美，他用20年的岁月，描绘了一道最美的色彩。

作者　郑宗祥

恪尽职守的检测卫士

蒋海平，1983年出生，2003年毕业，先后参与过诸永高速、绍诸高速和嘉绍大桥南岸接线等多个重大工程的监理检测工作，现任浙江华恒交通建设监理有限公司检测中心主任助理。

多年来，他曾获得省交通系统试验检测试验知识竞赛优胜奖、嘉绍跨江大桥工程年度先进工作者等多项荣誉。2014年，他被评为浙江交通质监行业十大最美检测人。

蒋海平：争做检测行业的卫士

一米七零的个子，身材偏瘦，长得帅气。蒋海平给人第一印象，有种绅士般的儒雅气质，性格平和，讲话慢条斯理，镜框里透出一股坚毅的亮光。出生于1983年的他，初晋人父，早年的青春锐气逐渐蜕变为稳重与谦和。

业余时间喜欢翻读历史书，看NBA解闷，他身上80后的诸多典型特征。除此之外，他的生活可以归结为一个简单而不乏枯燥的词汇——检测。一项他坚守和探索了12年时光，并将用余生热情继续专注的事业。

初出茅庐：无人引路，独自摸索

检测是一项专业性极强的行业，考验着从事者的理论知识广度和心理素养。15年前的蒋海平，怎么也不会想到，自己以后会从事这项与各种器械、设备和建筑原料打交道的工作。用他的话来说，这叫"误打误撞"——误打误撞上了浙江省内唯一——所以"交通"命名的大学，又误打误撞选择了"土木工程"的专业。

"这个专业其实很涉及很广，检测只是其中一个小分支，大学几年略有涉及，理论学习并不系统。"2003年，蒋海平大学毕业，怀着忐忑和一股子冲劲，进入诸暨市一家公路桥梁公司从事检测工作。初出茅庐的他，接触的第一个项目，就是当年的省重点工程——03至07省道义乌稠城过境公路路面工程。当时的项目经理非科班出身，项目里的人也来自五湖四海，基本都是"土八路"。检测部作为临时组建的一个班子，只有五个和他一样刚刚毕业没有检测经验的毛头小子，如此"群龙无首"的局面令蒋海平感到茫然无措。

"那时候没人带我们，每天唱戏一样。轮到我们了，却不知道怎么下手，项目协调上经常犯错。"蒋海平印象最深的是，当时要做8公里的沥青路面弯沉检测，原本需要7个人进行的工作，项目部为精简人力，只安排了4个人。蒋海平和同事抬着5.4米的弯沉仪，闻着一辆黄河牌老旧货车发出的浓烈尾气，亦步亦趋，走20米就要停下来一次，边测量边记录数据，一天时间里要完成来回长达16公里的检测工作。几番功夫下来，人也瘦了一大圈。

"熏点汽车尾气，苦点累点不算什么，让我们无助的是没有一个人在面前指导。"蒋海平说，那一年的检测就像是盲人摸象，毫无头绪。

公司小，检测不受重视，蒋海平感到有些压抑。即便如此，他也努力做好自己的本职工作，没人指导，他就自个儿慢慢摸索，闲暇时跑到别的部门向经验丰富的同事虚心请教，或者购买检测方面的专业书籍，独自钻研，对工程一系列检测方法，进行系统的学习和整理，夯实自己的"内功"。23岁的蒋海平，一脸青涩，对未来充满了期许。

七年沉淀：不怠纤毫，剑指品质

翻看蒋海平履历，清晰明了。12年间，待过两家公司，参与过五项工程，获过3次奖项，但只有一项核心工作——检测。初入社会的焦虑，渐渐变为自我求索的动力。对于检测，蒋海平认为这不仅是工程中的一道简单的工序和流程，更是一种责任和坚守。"路面其实比路基工程更难做。路基好比里子，平常人看不出什么；但路面就像衣服、化妆品，好不好，一望可知。要是开车走在路上跟坐船一样翻腾，那就不仅是施工方的责任，我们做检测的也一样感到羞耻！"

2004年是蒋海平职业生涯的一个分水岭。他选择了跳槽，离开诸暨，来到绍兴，进入浙江华恒交通建设监理有限公司从事检测工作。这一干，就是11年。从2004～2008年，诸永高速公路诸暨段工地，几乎每天活跃着蒋海平的身影。检测对象从省道转为高速，蒋海平虽为基层试验员，更加感受到担子的重量。

"高速公路对品质要求高，新技术多，检测工序更加复杂。"在蒋海平看来，这既是挑战，更是学习、淬炼和发挥自己能量的大舞台。于是，寒暑晴雨，日复一日，他跟着同事与领导，从最基本的材料含泥量到复杂的沥青混合料配合比，由细枝末节学起，不遗余力地提高自身的知识水平和技术素质，提升检测管理方法和手段，一点一滴地丰富自己的羽翼。蒋海平有着相对良好的领悟能力，并能够在日常的工作中，创造性地发挥自己的思维。

在实验室工作的蒋海平

蒋海平回忆，当时工程砂石原料多数产自嵊州，然因长期过度开采，高质量的砂石已相对稀少。如果石料级配拌和不合理，就会出现溢料情况，导致浪费，并延缓工程进度。事实上，这是施工方的事情，监理单位其实可以不必干涉。但眼光敏锐的他发现这一潜在问题后，偏偏不愿"自扫门前雪"，而是管起了"他人瓦上霜"，他当即深入沥青搅拌站，与施工人员细细沟通、讲解，让其将材料配合比例精确到标准，避免浪费。

在他看来，工程中的任何一方，都是环环相扣的关系，是一个连贯的整体，"检测试验员，实际上就是工地上的医生，要用放大镜看问题，不仅要管好自己的一亩三分地，任何对工程可能造成影响的环节，都应主动发现，并设法提出纠正，这样才能打造出好工程，更好地受益于社会。"

2009年，蒋海平又参与到了另一个高速工程——绍诸高速公路工程第二监理办试验检测工作。塑料套管桩在绍兴地区，首次成功用于高速软基处理。蒋海平面对新技术，加强学习，熟练掌握相对陌生的检测流程，在用数据说话的同时，更注重肉眼的直观感受，全方位立体保障检测结果与实际情况吻合。通过他与各方的努力，该工程被评为省混凝土质量通病治理典型工程和全国公路勘察设计典型示范工程，获得社会好评。

晋升转变：肩负责任，争做卫士

2010年，蒋海平所在的华恒监理公司，中标嘉兴至绍兴跨江公路通道南岸接线工程监理单位。与此同时，他也完成了职业上的首次晋升，成为工地试验室主任。从一位基层试验员，实现向管理者身份的转变，延续依旧的，是他对检测事业的热爱与求索。

在很多人看来，嘉绍南岸接线工程是一块难啃的硬骨头，工期紧、任务重、技术复杂，涉及软土地基、大跨径连续梁大宽幅桥梁、复杂枢纽改造、泡沫混凝土新工艺、钢混凝土叠合梁、温拌沥青混合料路面、桥面防水层新型检测技术等很多项全新的技术。这在蒋海平职业生涯当中，也是前所未见的一项大工程。

为了确保工程质量，他一边查阅有关资料，一边深入现场调查取样，进行检测，掌握第一手资料，开工前期从原材半成品入手，到各料场进行考察取样对比试验，从中选优；同时注重过程控制，对混凝土坍落度、含水量、温度进行全过程监控；事后检测也绝不拖延，当天能完成的试验和数据资料，绝不拖到第二天，最大限度地满足施工生产的需要。

2013年，嘉绍大桥南岸线，在桥面防水层检测项目上遇到了尴尬。由于这种延绵十几公里的高架桥工程较为少见，省内并没有相应的检测机构和设备，检测工作一时间无计可施。"防水层主要是在沥青层与桥面之间形成一个粘结力，使沥青与桥构成一个整体，不至于松动。嘉绍大桥长达6.7公里，如果没办法做这项检测，恐怕会对以后行车造成一定隐患。"针对这个问题，蒋海平沉下心来思考，创造性地提出了利用反力框架和简易拉力设备，组合改装成防水层检测仪器的想法，在与省规划设计院检测中心和业主单位沟通商量之后，付诸实施，化解了难题，为施工控制质量创造了条件。

争做工程的检测卫士，蒋海平的细致与韧劲在业内是出了名的。温拌沥青混合料作为国外引进的新材料，施工各方对此都很陌生，他从原材入手，对新材料质量进行试验验证，对各个施工温度下的质量控制进行模拟验证，取得了第一手资料，为现场控制打下了坚实基础。

作为一名老资格试验人员、试验室主任，肩负着带好一班人的职责。蒋海平主动挑起传帮带的重担，以身作则，经常深入现场，急现场之所急，想现场之所想，以自己的实际言行影响着身边的同事。他大胆试验，勇于实践，不断总结，开创试验工作的新方法和新途径，并多次在业主、质监站的检查及考核中得到好评。

最美手记：

采访蒋海平不是一件容易的事，他不太擅长"宣传"自己，很多值得大书特书的事件都被他一句带过。检测，十年前只是他的一份谋生的工作，十年后却成了他生命的核心部分。如今，初晋人父的他多了一份成熟与从容。每天他穿梭在检测员与父亲两个角色之间，用"爱"书写着自己的生活。

作者　谢宝光